현대시와 판타지

JN441827

고려대학교 교양총서 6

현대시와 판타지

한국 현대시의 환상성에 대하여

이창민

고려대학교출판부
KOREA UNIVERSITY PRESS

책머리에

예술 양식으로서 판타지의 일반적 의의는 현실과 허구의 구분을 의문시하는 데서 찾을 수 있다. 양식의 속성상 판타지는 사실과 환각, 경험과 공상의 경계에 대해 질문하지 않을 수 없다. 존재와 비존재, 자연과 초자연의 접경지대를 탐색하는 과정에서 판타지는 놀랍게도 과거와 현재와 미래를 절단하는 시간의 형이상학에 도전하게 된다. 문학 장르로서 판타지의 보편적 가치는 실재와 가상의 통합이 문학의 근거이며, 수사적 문채가 상상적 실체의 기원임을 구체적으로 보여 주는 데 있다.

비유적 표현을 통해 언어적인 것과 초언어적인 것의 모순을 지양하고, 현실적인 것과 비현실적인 것의 대립을 해소하려는 불가능한 시도가 바로 판타지의 기본 동력을 이룬다. 토도로프가 환상문학을 실증주의자들의 시대의 '부당한 양심bad conscience'으로 간주하면서도 또한 그것을 문학의 정수로 인정했던 이유가 여기에 있다. 특정 작품에 대한 해석이나 평가와는 별개로 판타지에 대한 구조 분석은 결국 예술의 본성과 문학의 본질에 대한 탐구로 수렴된다.

지난 2000년 무렵에 우연히 본 몇 편의 환상물에 흥미를 느껴 틈나는 대로 작품을 찾아보게 됐고, 2003년에 한 학회에서 환상시에 대한 발표를 맡아 관련 이론을 제대로 살펴볼 계제를 얻었다. 2004년부터는 고려대학교 세종캠퍼스에서 '문학적 상상력과 판타지'라는 강좌를 개설할 기회를 얻어 몇 년 동안 학생들과 다양한 의견을 나누었다. 그 결과가 이것인데, 그동안 판타지만 들여다본 것은 아니라 해도 흘러간 세월에 비해 내놓는 성과가 아주 대단해 보이지는 않는다. 하지만 기존 환상론에서 문제가 됐던 통론과 각론, 이론과 실제의 간격을 연구와 비평 어느 쪽에서나 상당히 줄였다고 자부한다.

선뜻 출판을 맡아 준 고려대학교출판부의 김재혁 교수와 꼼꼼하게 문장을 다듬어 준 편집실 여러분께 감사의 인사를 드린다. 처음으로 사랑하는 아내와 두 아이가 함께 관심을 가질 만한 낱말이 들어간 책을 내는데 열어보고 재미없다 하지 않을까 걱정된다.

2008년 2월

이창민

차례

이론

환상시론의 이론적 전제와 배경

1. 환상의 속성과 규정

문학에서 환상에 대한 논의는 그야말로 탈근대적인 현상이다. 근대 이전에는 환상성이 별로 문제될 게 없었고, 근대에는 사실성만이 중요했다. 작품이란 어차피 실체가 아니라 허구고, 문학론은 실재론이 아니라 재현론이니, 사실과 환상의 구별이 불필요하다는 시각도 있다. 이에 따르면 양자의 차이는 정도의 차이에 지나지 않는다. 사회의 입장에서는 문학적 사실성을 환상성으로부터 질적으로 변별해 낼 필요가 없다. '사회'란 경제적으로 조직된 거대한 가족 공동체를 지칭하는 명칭이다.[1] 사실의 모방이건 환상의 표현이건 상관없이 사회는 문학을 무용하고 무해한 허상으로 취급한다.

노동도 아니고 휴식도 아니며, 인식도 아니고 도취도 아니라

1 Hannah Arendt, *The Human Condition*, 2nd ed.(Chicago: The University of Chicago Press, 1998), p. 29.

는 점에서 사회 내에서 문학이 차지하는 자리는 신앙의 위상과 비슷하다. 근대는 신앙을 감각 없는 관념으로만 허용하고, 문학을 실체 없는 형상으로만 인정하는 시대다. 일찍이 플라톤은 시에 대한 사랑을 대중의 유치한 연애에 비유하고, 시인을 국가에서 추방해 버렸다. 덕의 기준을 유용성에 두었기 때문인데,[2] 이런 관점에서는 환상과 사실이 다 같이 무용하다. 플라톤은 환상을 거부했을뿐더러 모방도 배척했다.[3]

문학론 내부에도 사실과 환상의 구분이 필수적이지 않다는 주장이 존재한다. 미학이나 예술론의 견지에서 문학을 다루면 사실과 환상을 별도로 논의하거나 평가할 필요성이 줄어든다. 수잔 랭거처럼 현실 생활의 기구와 복잡한 이해관계로부터 감각적 현상의 요소를 분리하는 방법으로 보거나 프로이트처럼 놀이의 재미와 미적 쾌감을 위한 기본적인 욕망의 작동으로 보거나 간에 환상은 예술적 창조 활동의 근본적 동인이나 본질적 속성으로 간주될 수 있다.[4]

예술은 주술과 마찬가지로 세속적 현존의 맥락에서 벗어난

---

2 플라톤, 《국가 · 소크라테스의 변명》, 조우현 옮김(삼성출판사, 1990), 409-411쪽 참조.

3 '환상 거부'에 대해서는 캐스린 흄, 《환상과 미메시스》, 한창엽 옮김(푸른나무, 2000), 26-27쪽, '모방 배척'에 대해서는 M. Horkheimer & T. W. Adorno, *Dialectic of Enlightenment*, trans. John Cumming(New York: The Continuum Publishing Company, 1972), p. 18을 참조할 것.

4 윤지영, 〈'환상적인 시'와 '환상시'의 가능성〉, 서강여성문학연구회 편, 《한국문학과 환상성》(예림기획, 2001), 163-164쪽 참조.

독자적이고 자기 완결적인 영역을 설정하고, 그 속에서 순수한 형상으로서 심미적 가상을 만들어 낸다.[5] 등가 원칙에 지배되는 시민 사회에서 추상적 수량으로 환원되지 않는 것은 결국 가상이 되고, 근대 실증주의는 문학을 그런 것으로 치부한다.[6] "실제 세계에서라면 유토피아나 환상이나 반란으로 여겨질 것이 예술에서 허용된다."[7] 예술의 결정적 본질은 가상으로서의 예술적 아름다움에 있으니, 그것은 철학은 물론 종교로도 획득할 수 없는 환상적 실재다.[8]

환상론이란 결국 공시적 시학의 수준이 아니라 통시적 사론의 차원에서 다룰 문제로 생각된다. 장르론에서라면 보편적 장르류가 아니라 역사적 장르종의 문제일 것이다. 구체적으로 그것은 리얼리즘에 반하는 문학적 경향의 해명과 평가에 주안점을 둔 문학론이라 할 수 있다. 서양의 경우 환상론은 장르로건 양식으로건 환상문학의 전형으로 여겨지는 19세기 후기 낭만주의 고딕소설의 구조와 주제를 분석하는 작업에 초점이 맞추어져 있다. 이는 환상문학론의 고전으로 꼽히는 츠베탕 토도로프의 연구나 그를 비판한 로즈메리 잭슨의 저술에서나 마찬가지다.[9]

---

5 M. Horkheimer & T. W. Adorno, *Op. cit.*, p. 19 참조.

6 *Ibid.*, p. 7 참조.

7 Herbert Marcuse, "The Affirmative Character of Culture," in *Negations: Essays in Critical Theory*, trans. Jeremy J. Shapiro(Boston: Beacon Press, 1968), p. 114.

8 *Ibid.*, pp. 119-120 참조.

9 츠베탕 토도로프, 《덧없는 행복—루소론 · 환상문학 서설》, 토도로프

환상론의 대상이 되는 환상문학이란 근대의 산물로, 비유컨대 "근대의 적자라기보다는 서자, 혹은 그림자와 같은 위치에 있다."[10] 그렇다면 적자는 리얼리즘 문학이 될 것이고, 그중에서 장자는 소설이 차지할 것이다.[11] 한국의 경우 환상문학론은 판타지 소설의 유행에 의해 촉발됐고, 리얼리즘의 쇠퇴와 페미니즘의 강화에 의해 보강됐다고 보는 것이 일반적이다.[12] 서구에서나 한국에서나 환상에 대한 평가는 말 그대로 극단적이어서, '우매한 자기 탐닉'과 '현실 전복적 매개물', '그릇된 타락'과 '매혹적 인식의 자극제', '저질 문화 쓰레기'와 '가장 고급의 장르', '미래가 없는 문화상품'과 '가장 정점에 선 미학 체계'[13]라는 평가가 상충한다.

환상문학의 역사적 위상에 반영돼 있듯이, 문학에서 환상이란 자기 규정적 개념이 아니다. 그것은 사실의 범위에 따라 상

저작집 5, 이기우 옮김(한국문화사, 1996); 로즈메리 잭슨, 《환상성—전복의 문학》, 서강여성문학연구회 옮김(문학동네, 2001).

10 서강여성문학연구회 편, 《한국문학과 환상성》(예림기획, 2001), 3쪽.

11 환상론의 내역을 포괄적으로 정리한 저술로 최기숙, 《환상》(연세대학교출판부, 2003)이 있는데, 여기서 시에 대한 논의가 제외된 이유 역시 같은 맥락에서 이해된다: "본 논의에서 서정문학 장르를 배제한 것은 서정적 환상성을 부정하기 위해서가 아니라, 환상에 대한 서서문학의 독점적 지위를 강조하고 논의의 편의와 일관성을 도모하기 위해서이다"(156쪽).

12 최기숙, 앞의 책, 58-61쪽; 황병하, 〈환상문학과 한국 문학〉, 《메타비평을 위하여》(민음사, 1997), 390-391쪽; 심진경, 〈환상문학 소론〉, 《한국문학과 환상성》, 11-12쪽 참조.

13 캐스린 흄, 앞의 책, 26, 60쪽; 심진경, 앞의 글, 12쪽; 황병하, 앞의 글, 388쪽 참조.

대적으로 결정된다. "'비현실적인 것'의 도입은 '현실적인 것'의 범주—환상적인 것이 그 차이를 바탕으로 따져 묻게 되는 범주—에 반대하여 형성된 것이다."[14] 비사실적인 것 또는 비현실적인 것으로서 환상은 리얼리티에 대한 인식의 변화에 상응해 그 반대물로서만 규정된다. 아우어바흐의 《미메시스》의 부제는 '서구문학에 나타난 현실묘사'이다. 이 책은 호메로스의 〈오디세이〉에서 버지니아 울프의 〈등대를 향하여〉까지를 재현 또는 모방을 통한 현실 해석의 관점에서 다룬다.

캐스린 흄은 《환상과 미메시스》에서 "많은 독자를 위해서, 모방론에 관한 언급은 아우어바흐의 《미메시스》를 염두에 두었다"[15]고 했는데, 거기서는 단테의 〈신곡〉도 한 개체로서의 단테의 삶과 구원에 대한 이야기이자 일반적인 인류의 구원에 대한 비유로서 리얼리즘이고, 라블레의 〈가르강튀아와 팡타그뤼엘〉도 '모두 우리 쪽과 같다'는 이유에서 모방이다.[16]

문학이 "인식이며 형상인 표현으로 존재하는 예술"[17]이고, 근대가 자연과학을 올바른 사고의 대명사로 삼은 시대니 만큼 경험적 · 비판적 테스트를 통한 반증 가능성의 조건에 따라 사실성을 판정할 수도 있겠지만,[18] 예술적 표현이 체계적 지식인

---

14 로즈메리 잭슨, 앞의 책, 13쪽.

15 캐스린 흄, 앞의 책, 20쪽.

16 Erich Auerbach, *Mimesis: The Representation of Reality in Western Literature*, trans. Willard R. Trask(Princeton University Press, 1953), pp. 189, 270 참조.

17 조동일, 《문학연구방법》(지식산업사, 1980), 146쪽.

18 어니스트 네이글, 《과학의 구조—과학적 설명 논리의 문제들 1》, 전영

것은 아니므로 문학에서 '사실'이란 공통 감각에의 적합성 정도로 판단하는 게 좋을 것이다. "그 실재성을 가늠할 수 있는 세계의 유일한 성격은, 그것이 우리 모두에게 공유된다는 것이다."[19] 세계의 실재성을 보증하는 것은 타인들이 현존하고, 그 모두에게 세계가 현상한다는 사실이다.

아리스토텔레스는 모두에게 현상하는 것을 존재라 불렀다. 공통 감각이 아니라면 인간은 현실과 환상을 구분할 수 없다.[20] 복수의 인간에게 공통적 현상으로 지각되는 것만이 실재를 구성한다. 캐스린 흄은 환상을 '합의된 사실성'으로부터의 일탈로 정의하고, '합의'가 작가의 세계와 독자의 세계 모두에 속하는 것임을 강조했는데,[21] 이 규정은 사실과 환상의 상대적 구별 체계를 명확히 보여 주는 장점이 있다.

그런데 문학은 수용을 전제로 한 창조이고, 해석을 전제로 한 표현인 까닭에 비사실적 현상이라 할지라도 반드시 환상으로 간주되지는 않는다. 근대의 일반적인 독해 관습은 비사실적 현상을 표현의 문제로 처리한다. 비현실적 표현은 해석의 회로를 통해 사실의 표상으로 환원된다. 예로 〈헌화가〉를 포함한 '수로부인' 설화를 읽는 방법을 보자.

이 이야기는 실제로 있었던 일을 그대로 기록한 것, 실제로

삼 옮김(아카넷, 2001), 31쪽 참조.

19 Hannah Arendt, *Op. cit.*, p. 208.

20 *Ibid.*, pp. 199, 277 참조.

21 캐스린 흄, 앞의 책, 57-59쪽 참조.

있었던 일을 설화로 바꾸어 전하는 것, 상징적으로 지어낸 설화, 굿을 한 내용을 전하는 설화—이렇게 네 가지 방향에서 읽을 수 있다. 이 중 환상을 성립시키는 것은 첫 번째 방법뿐이나 문학 연구방법에서는 이를 결코 인정치 않는다.[22] 토도로프가 장르론에서 제기한 바 환상은 본문 해석의 수준에서 시적으로도 우의적으로도 독해되지 않아야 비로소 실현되는 것이다.[23] 현대시를 대상으로 한 환상론이 미진한 근본적인 이유가 여기에 있다.

현대시의 주류는 서정시고, 서정은 작품 외적 세계의 개입이 없는, 세계의 자아화를 원리로 삼는 장르다.[24] 서정시의 핵심은 자아의 주관적 표현이고, 자아와 주관의 요체는 흔히 영혼, 심리, 내면, 내심, 심정, 정념, 감각, 감정 등으로 지칭된다. 세계의 간섭과 대상의 지배를 벗어나 객체를 자유롭게 변화시키는 주관적 서정의 표출은 환상적 양상을 띠기 쉽지만 대부분의 경우 그것은 내심의 파동을 나타내는 심상으로 해석된다.

환상이란 비유적 의미가 문자 그대로 취해지는 데서 생기는 것인데,[25] 서정시에서는 반대로 문자적 의미가 비유적 표현으로 수렴된다. 매개어가 지니는 연상들을 취의로 전환시키는 것이 서정시의 관례적 독법이다. 해석에 의해 취지로 환원된다 하더라도 서정시가 환상적 표현을 상용하는 이유는 간단하다.

---

22 조동일, 앞의 책, 121-126쪽 참조.

23 츠베탕 토도로프, 앞의 책, 132쪽 참조.

24 조동일, 《한국소설의 이론》(지식산업사, 1977), 101쪽 참조.

25 츠베탕 토도로프, 앞의 책, 187쪽 참조.

우리가 영혼과 내면의 정체를 분명히 알지 못하고, 정념과 감정을 제대로 발화할 수 없기 때문이다.

정념의 주체로서 분명 자아의 한 부분인 영혼은 순수 사유의 흔들리지 않는 자명성과 물적 존재의 수학적 · 물리학적 확실성 사이에 존재하는 정복되지 않은 매개 영역이다. 합리주의는 처음부터 개인의 감정 · 욕구 · 욕망 · 본능 등을 배제한 채 구상됐는데, 바로 이것들이 영혼을 실제로 구성하는 것으로 여겨지는 것들이다. 칸트는 영혼에 대한 지식이 너무나 제한돼 있다는 이유로 경험 심리학조차 합리적 형이상학의 영역에서 완전히 추방해야 한다고 주장했다. 영혼은 사고와 사물의 양분법으로는 그 실체가 이해되지 않는다.[26]

사랑과 증오, 기쁨과 슬픔, 고통과 열정, 수치와 질투, 후회와 감사, 소망과 만족 등 서정시의 중추를 이루는 정념과 감각은 주관적이고 사적이어서 언제나 충분히 말해질 수 없고 외부 세계에 나타나지 않으며, 따라서 물화될 수 없다.[27] 자아의 표현으로서 서정시가 비유에 의한 심상의 창조를 핵으로 삼는 것은 내면의 파동이 개념으로 파악되지 않고 언어로 포착되지 않기 때문이다.

비현실적이고 비사실적인 비유적 심상이 과연 내심의 양태로 환원될 수 있는 것인지, 서정적 언술이 과연 표상적 · 재현적 기술로 수용될 수 있는지, 현대시를 말의 조합으로서 축자

26 Herbert Marcuse, *Op. cit.*, pp. 104-106 참조.

27 Hannah Arendt, *Op. cit.*, p. 141 참조.

적 · 상징적으로 독해하는 것이 문학성을 보장하는 것인지는 아직은 확실히 판단하기 어렵다. 다만 여기서는 환상의 구축을 정조 표출의 주된 기제로 삼은 작품, 환상적 서술을 의미 전달의 중심 구도로 삼은 작품, 정서나 심리의 형상화로 규정하기 어려운 비유 심상을 전면에 배치한 작품 등에 유효하게 적용할 수 있는 이론적 전제를 간략히 검토해 환상시의 성립 가능성과 문제점을 적시해 보고자 한다.

2. 욕망의 표출과 불안의 표현

정신분석학은 환상의 기원과 기능을 두 가지 방향에서 설명한다. 먼저 그것은 욕구와 욕망이 표출되는 통로다. 부재와 결핍에서 야기되는 요구는 환상을 동기화한다. 라플랑슈와 퐁탈리스의 〈환상과 성적 욕망의 기원〉에 따르면, 환상의 일차적 기능은 욕망을 위한 무대장치를 제공하는 것이다. 환상은 욕망의 환각적인 충족을 지향하는 심리적 기제다. 엄마와 분리된 아기가 젖가슴 같은 실제 대상이 부재할 때 대체적인 형식으로 만족스러웠던 경험을 재생산하는 것이 대표적인 예이다.

가장 기본적인 환상은 유아적 욕구의 충족과 해소에 관련된 대상을 환각적으로 회복하려 할 때 나타난다.[28] 《문학 속의 환상》의 저자 에릭 라브킨은 대문자로 시작하는 '환상Fantasy'은 장르로서 환상문학을 지칭하는 것으로, 소문자로 시작하는 '환상

28 심진경, 앞의 글, 18-19쪽 참조.

fantasy'은 욕구 충족의 상상적 장면을 가리키는 용어로 쓸 것을 제안한다.[29]

그런데 환상이 결핍에 기인하고, 욕구를 표출한다는 분석은 틀림없는 듯하나 그것이 욕망을 충족 또는 만족시킨다는 주장에는 다소 수긍하기 어려운 점이 있다. 정신분석학적 관점에서 환상의 심리적 지형을 해명하려는 논의 중 일부에서 종종 환상과 환상문학에 의해 욕망이 해소된다는 설명이 제시되는데, 이런 논지로는 동일한 테마의 환상물이 반복적으로 생산되는 이유를 설명하기 어렵다.

"환상은 성욕의 도착된 표현으로서 구성적인 역할을 할 뿐만 아니라 예술적 상상력으로서 도착을 완전한 자유와 만족의 이미지에 연결한다"[30]는 것이 성취나 달성을 의미하지는 않을 것이다. 환상이 지닌 특징 중의 하나는 연속적 발생에 있는바 '만족'이나 '충족' 같은 용어는 환상의 연쇄 작용을 파악하는 데 지장을 준다. 캐스린 흄이 현실 도피의 환영문학으로 분류하는 포르노그래피는 그 의도야 어쨌든 오히려 욕망을 자극하고 폭발시키는 작용을 한다.

심리학적 차원에서 환상을 설명하는 또 다른 방식은 근본 동기를 불안과 갈등에서 찾는다. 환상은 불안과 갈등을 현실적 시험을 통해 처리하는 방법이다. 특정한 경험이나 기억에 기인

---

29 박정수, 《현대 소설과 환상》(새미, 2002), 18쪽 참조.

30 Herbert Marcuse, *Eros and Civilization: A Philosophical Inquiry into Freud* (Boston: Beacon Press, 1966), p. 50.

하는 불안과 갈등은 다른 이유에서 비롯된 강렬한 감정적 요소들을 그것들에 덧붙여 환상을 구성하고, 환상은 다시 상징적인 행동이나 증상으로 변환된다.[31] "오늘날에는 그러한 증상을 '전환 증상'이라 부르는데, 하나의 생각이 공포증이나 의사들도 설명할 수 없는, 그러나 명백한 의학적 증상으로 전환되기 때문이다."[32] 여기서 환상의 역할은 두 가지다. 그것은 불안을 드러내면서 막는다. 환상의 구체적인 이미지들은 불안을 표현하는 동시에 위장한다.[33]

환상을 욕망의 표출로 보는 것과 불안의 표현으로 보는 것은 설명의 방향이 다를 뿐 실질은 동일하다고 할 수 있다. 이것은 헤도니즘hedonism에서 쾌락의 추구가 고통의 회피와 일치하는 것과 상통하는 논리 전개 방식이다. 욕망과 불안에 중점을 두는 정신분석학적 관점에서 현대시의 환상적 심상 구조를 검토할 경우 이장희의 〈청천의 유방〉, 이상의 〈오감도 시 제1호〉, 〈절벽〉, 조말선의 〈토마토〉, 〈거울〉, 〈화분들〉 같은 시들의 의미가 좀더 분명히 드러날 수 있을 것이다.

이장희의 시는 백일몽의 체계적 형상화로서, 무의식적 환상과 구별되는 의식적 환상이 전면에 드러나 있다는 점에서 특징적이다. 이상과 조말선은, 로즈메리 잭슨이 환상성의 표지로 제시한 기괴성, 금기 해체, 리비도적 충동, 에로스와 타나토스

31 줄리아 시걸, 《환상》, 장수정 옮김(이제이북스, 2003), 12-13쪽 참조.

32 위의 책, 23-24쪽 참조.

33 위의 책, 15쪽 참조.

의 대립, 가족 윤리 위반 등을 주제로 삼고, 성애, 거울, 분신, 신체 해체, 자아 분열 등에 관한 심상을 집중적으로 구사하는 시인이라는 점에서, 현대시에 나타나는 환상성의 정신분석학적 해명이 초점을 맞추어야 할 시인들이다.

3. 전복의 기획과 위반의 기도

정신분석학은 환상을 두 종류로 나눈다. 프로이트의 저작을 영어로 번역한 제임스 스트레치는 의식 표면에 출현하지 않는 무의식적인 환상과 백일몽과 같은 의식적인 환상을 머리글자를 이용해 구분했다. 영어에서 무의식적 환상과 의식적 환상은 'phantasy'와 'fantasy'로 구분된다.[34] 무의식적 환상이란 개념은 프로이트가 처음 발견했고, 이후 멜라니 클라인과 그녀의 영향을 받은 분석가들에 의해 강조돼 왔다.

클라인의 새로운 통찰은 프로이트 이론의 성적 요소를 약화시켰다. 프로이트는 성적 관심의 억압이 무의식적인 환상을 의식하지 못하게 하고 증상으로 나타나게끔 만든다고 여겼다. 클라인은 아이들이 각자의 불안 때문에 생겨난 세상에 대한 오해를 바탕으로 무의식적 환상을 만들어 낸다고 봤다. 그것은 불안과 갈등 및 상반되는 충동에서 파생되어 사람들의 관점과 태도를 형성한다.[35]

클라인에 따르면, 무의식적 환상은 사람들의 모든 가정, 신

34 위의 책, 26-27쪽 참조.

35 위의 책, 34-40쪽 참조.

념, 생각, 태도, 관계, 행동의 이면에 자리 잡고, 세상에 대한 근본적인 시각을 결정한다. 그것은 인간이 대상의 의미를 이해하기 위해 사용하는 기본적인 수단으로, 생활에 필요한 기초적인 가정들을 만들어 낸다. 이 가정들은 신경증적 행동뿐만 아니라 평범하고 일상적인 행동에도 강력한 영향을 미친다.

우리가 내부와 외부에서 경험하는 모든 종류의 감각은 무의식적 환상을 통해 해석된다. 그것은 인식의 동기이자 필터인 것이다. 무의식적 환상은 매우 합리적이고 이성적일 수도 있고, 그 반대로 무지에서 비롯된 단순한 오해에 근거할 수도 있으나, 그것이 사람들의 생각과 행동의 전체 구조에 영향을 미치는 방식만큼은 완전히 합리적이다.[36]

이 같은 클라인의 설명을 따른다면, 무의식적 환상은 개념적으로 이데올로기와 상통한다고 볼 수 있을 것이다. 물론 '이데올로기'란 말은 사람들이 말하고 믿는 것이 그들이 사는 사회의 권력 구조 및 권력 관계와 연관되는 방식을 뜻할 수도 있고, 마음속 깊이 뿌리박혀 있어 거의 의식되지 않는 상태로 작동하는 신념 체계를 뜻할 수도 있다.[37]

《환상성—전복의 문학》에서 환상 형식의 정치학을 개진한 로즈메리 잭슨은 이데올로기를 "인간이 실재 세계를 경험하는 상상적 방법들이며, 세계에 대한 인간의 관계가 종교, 가족, 법,

---

36 위의 책, 40-42, 91-93쪽 참조.

37 Terry Eagleton, *Literary Theory: An Introduction*(Oxford: Basil Blackwell, 1983), pp. 14-15 참조.

도덕적 코드, 교육, 문화 등과 같은 다양한 의미 체계를 통해 유지되는 방법들"[38]로 정의하고, 《정신분석과 페미니즘》을 쓴 줄리엣 미첼의 말에 기대 이데올로기의 무의식적 성격을 해명했다. 이데올로기는 의식적으로 전달되지 않고 무의식적으로 작용한다. 정신분석학의 특별한 임무는 무의식적 정신 속에서 사고의 유산과 사회의 법칙이 획득되는 방식을 해독하는 것이다.[39] 로즈메리 잭슨의 논의는 마르크스와 프로이트를 상호 주석으로 읽는 독특한 환상론이다.

환상문학에 대한 가장 중요하고 영향력 있는 연구가 츠베탕 토도로프의 《환상문학 서설》임은 주지의 사실인데, 로즈메리 잭슨의 비평은 토도로프의 장르 연구의 한계를 적시하고 보완하려는 의도하에 시도된 것인바 그 요체는 장르론에 대한 비판에서 확연히 드러난다. 토도로프는 문학 형식이 지닌 정치적 함의를 고려치 않았다. 로즈메리 잭슨은 토도로프의 탐구를 형식의 정치학을 인식하는 수준으로 확장시키고자 한다. 토도로프의 맹점은 프로이트를 거부한 것이다. 로즈메리 잭슨은 프로이트와 라캉을 통해 토도로프의 인식을 문화 연구의 범주로 확대시키고자 한다.[40]

이로써 전복의 문학으로 환상문학을 규정하는 체계가 성립하는데, 로즈메리 잭슨은 "결국에는 이러한 작업이 실제 사회

---

38 로즈메리 잭슨, 앞의 책, 83쪽.

39 위의 책, 15쪽 참조.

40 위의 책, 14-16쪽 참조.

의 변환을 이끌게 될지도 모른다"[41]고 믿는다. 요컨대 환상문학은 사회적 맥락의 한계와 금기에 맞서 투쟁하는 반문화적 전복과 위반의 문학 양식이다. 여기서 말하는 '양식'이란 소쉬르의 랑그langue나 촘스키의 언어 능력에 대응하는 것으로, 파롤parole이나 언어 수행과는 다른 차원에서 설정되는 개념이다.

환상으로 세상을 바꿀 수 있다는 믿음은 신앙으로 세상을 바꿀 수 있다는 주장과 상통하는 것이다. 환상에 대한 작중 인물과 독자의 반응은 지각적 불확정성과 정서적 불안정성에 따라 두 계열로 나뉘는데, 전자는 신뢰 또는 불신의 반응을 유발하고, 후자는 공포 혹은 안도의 반응을 야기한다. 장 파브르는《마법의 거울》에서 이 반응 체계로 네 가지 사유 방식을 구분했다.

믿지도 않고 두려워하지도 않는 것은 실증주의적 반응, 믿지는 않지만 두려워하는 것은 환상적 반응, 믿지만 두려워하는 것은 미신적 반응, 믿고 두려워하지 않는 것은 종교적 반응이다. 그런데 이것은 토도로프가 환상의 인접 장르로 설정한 '순수한 기괴', '환상적 기괴', '환상적 경이', '순수한 경이'에 대응하는 반응 양식이기도 하다.[42] 환상에서 문학 외적인 정치적 변혁의 기획은 문학 내적인 장르의 문제로 다시 수렴되는 것이다.

문학적 환상의 사회적 전복성이나 금기 위반의 기도에만 초점을 맞출 경우 김언희의 〈트렁크〉, 〈모과〉, 〈아버지의 자장가〉, 〈4장 4절〉, 〈얼음여자〉 등의 작품을 전형적인 사례로 채택할 수

41 위의 책, 20쪽.

42 박정수, 앞의 책, 21-23쪽 참조.

있을 것이다. 하지만 형식의 정치학은 문화 구조뿐만 아니라 장르 체계를 또한 겨냥한다. 이 경우 서정주의 〈서풍부〉, 김춘수의 〈해파리〉, 〈눈물〉, 김수영의 〈풀〉 등에 주목할 수 있을 것이다. 이들은 "이야기를 하지 않고 관념을 표현하지도 않으며 어떤 심오성을 내세우려 하지도 않는" 시로, "관념이나 설화가 아닌 사실이나 환상을 표현한다."[43] 김춘수는 다음과 같은 생각에서 〈눈물〉과 같은 시를 지었다고 말했다.

> 시가 통속소설의 줄거리처럼 도입부에서 전개부로 전개해 가다가 절정에서 대단원으로 끝을 맺는 정석적인 순서를 밟게 되면 그 자체 여간 따분하지가 않다. 또 어떤 진실을 위하여는 그런 따위 허구가 뜻이 없는 것이 되기도 한다. 이 시의 경우는 이 두 가지 이유를 다 가지고 있다고 해야 할 것이다. 허구는 진실을 놓치는 수가 있다. 반소설에서는 그래서 허구(줄거리)를 배격한다. 허구란 실은 그것을 만드는 사람의 관념의 틀에 지나지 않는다. 관념이 필요하지 않을 때 허구는 당연히 자취를 감춰야 한다.[44]

이런 시 의식과 그에 따른 양식 구성을 김인환은 관념과 설화를 배제하려는 투쟁으로 파악했다. 관념은 이데올로기고, 설화는 체제의 억압이므로, 순수 형식을 구축하려는 시도는 전투적인 성격을 지니지 않을 수 없다고 보기 때문이다. 김수영이 보여 준 것 역시 순수시의 전투적 정열로 이해된다.[45]

---

43 김인환, 《상상력과 원근법》(문학과지성사, 1993), 106, 110쪽.
44 《김춘수전집》, 2권 '시론'(문장, 1986), 397쪽.

정치적이건 양식적이건 환상이 과연 전복의 기획과 위반의 기도를 달성할 수 있는지에 대해서는 의견이 엇갈린다. 마르크스와 엥겔스의《독일 이데올로기》를 빌려 환상 또한 당연히 경험적으로 입증 가능하고 물질적 조건에 구속된 텍스트임을 지적하긴 했지만, 로즈메리 잭슨 역시 욕망의 표현이 명시와 추방의 두 가지 기능을 동시에 수행함을 인정치 않을 수 없었다.

토도로프가 환상론의 서장에서 말한 바 추상과 유개념 속에서 작동하는 것이 바로 언어의 본성인 까닭에 개별 텍스트의 기술이라 하더라도, 그것이 말의 도움을 빌려 행해지는 이상 장르의 기술일 수밖에 없는 것[46]과 마찬가지 이치로 "말한다는 것은 지배적인 질서의 언어를 사용함으로써 규범들을 받아들이고 그 어두운 부분들을 다시 은폐한다는 것을 함축한다."[47]

라캉식으로 말하자면, 환상은 전체 대상의 상실을 부분 대상으로 메우려는 불가능한 시도다. 상징계의 모든 것은 분열된 파편으로만 존재하므로, 완전, 전체, 총체 같은 것은 결코 찾을 수 없다. 욕망은 위반을 하면 금지된 것을 얻을 수 있으리라는 추정에 기초한다. 하지만 금지란 불가능성에 대한 하나의 해석에 불과하고, 위반이란 역설적이게도 불가능성을 금지라는 알리바이로 바꿔 불가능한 것이 가능한 것처럼 보이도록 만드는 속임수에 지나지 않는다. 그것은 법을 넘어서는 것이 아니라

45 김인환,《한국문학이론의 연구》(을유문화사, 1986), 15쪽 참조.
46 츠베탕 토도로프, 앞의 책, 103쪽 참조.
47 로즈메리 잭슨, 앞의 책, 13쪽.

법의 그늘 속에서 법을 지탱하는 것이다.[48]

4. 의미의 소실과 언어의 유희

시 갈래 구분 방식 중의 하나는 시작 대상과 서술 방법에 따라 설화시와 관념시와 순수시를 설정하는 것이다. 이렇게 하면 서정시라는 개념은 갈래가 아니라 화법에 나타나는 특징에 근거해, 순수시에 접근해 있는 설화시나 관념시를 가리키게 된다. 설화시와 관념시는 시의 전통적인 갈래인 데 비해 순수시는 20세기에 들어와 개척된 새로운 갈래다.[49] 이 체계에 따르면, 앞에서 예로 든 이상, 서정주, 김춘수, 김수영의 작품은 순수시에 속한다. 이 중 서정주의 시에 대한 김인환의 분석은 문학적 환상에 대한 또 다른 차원을 시사한다.

> 〈서풍부〉의 내심 독백에는 의미를 종합하고 통일하는 요인이 전혀 없다. 오갈피나무와 향나무, 개가죽과 방구〔方鼓〕가 하나의 복합어를 이루고 있는데, 이러한 복합 명사가 가리키는 경험적 대상을 우리는 현실에서 찾아볼 수 없다. 이 시에서 낱말들은 삶의 어떤 인상을 드러내지 않는다. 습관적이고 경험적인 현실은 해체되어 있다. 전율하는 낱말들의 역동적인 긴장이 있을 뿐이고, 낱말들의 내부에 숨어 있는 힘들이 스스로 뒤섞여 이루어내는 놀이가 있을 뿐이다. 환각적인 문체 안에서 낱말들은 스스로 말하고 관념이나 설화 없이 구축된다. 내심 독백과 자동 기술은 시 이외

48 최기숙, 앞의 책, 120-121쪽 참조.
49 김인환, 앞의 책, 88-89, 106쪽 참조.

에 아무것도 아닌 시, 순수시의 고유한 화법이다. 관념적이고 설화적인 것이 아니라 무언가 환각적인 것, 무언가 맹목적인 것이 시의 근거가 된다.[50]

여기서 시적 환상의 해명과 관련해 특히 주목되는 낱말은 '의미'와 '대상'과 '놀이'다. 이런 작품에서 언어는 대상을 지시하지 않으므로 의미가 형성되지 않는다. 의도적으로 의미가 성립되지 않도록 기호 표현과 지시 대상의 연결을 차단했다고 할 수 있을 것이다. 이 같은 의미 해체는 로즈메리 잭슨이 환상성의 중요한 특징으로 지적한 '비의미화'와 지향점이 같은 양식적 속성으로 이해된다.

환상물에서 의미는 진실과 더불어 텍스트의 소실점으로 후퇴하는데, 토도로프를 비판한 벨레민 노엘은 의미화의 결핍을 환성성을 규정하는 주요 자질로 본다. '말할 수 없는 것의 수사학', '순수한 기표의 창조', '무의미를 특징으로 하는 단위'가 환상을 이끈다. 후기 낭만주의 환상 양식은 모더니즘의 지배적인 관심사인 기호와 의미, 말과 사물, 언어와 대상의 간극을 예견했다.

기표와 기의의 간극은 현대 환상물의 주요 테마로, '이름 없는 사물'을 제시하거나 '사물 없는 이름'을 제기하는 두 가지 양상을 보이는데, 이 중 순수시적 환상에 좀더 밀접한 것은 후자다. 의미 없는 텅 빈 기호, 무를 의미화하는 언어, 대상 없는

50 위의 책, 110-111쪽.

기표가 환상 속을 부유한다. 환상은 분열의 문학이자 대상 없는 담론으로, 반사실주의 텍스트에서 발견되는 의미화의 문제를 초점화하는 의의를 지닌다.[51]

환상의 비의미화에 대한 설명은 개념 구상이나 논지 전개 방식에서 김춘수의 이른바 '무의미시론'과 상통하는 데가 있다. 순수시를 갈래로 상정한다면, '무의미시'는 그 전형을 이룰 것이다. 김춘수는 무의미시에서 그 어떤 이야기나 생각도 표출하려 하지 않았다. 거기에 내재된 것은 단어와 문장이 심상과 리듬을 따라 축조해 낸 구성과 문체뿐으로, 그것들이 수집되고 편집되는 방식은 현실적 인과성이나 논리적 정합성을 따르지 않는다.

김춘수는 무의미시의 목적을 자족적 형상의 구축에 둬, 외계나 내면을 사실적으로 묘사하거나 사상과 감정을 직접적으로 표현하는 언어의 재현적 기능을 극도로 억제했다. 실제 언어를 지배하는 의사소통의 직능을 최소한으로 감소시킨다면 시의 언어를 음악의 음고나 음가, 회화의 색채나 형태 같은 사물로 변형할 수 있을 것이라 여겼기 때문이다. 현실적 지시 대상을 배제함으로써 무의미시는 내용 없는 형식 혹은 개념 없는 표상이 되고자 한다. 김춘수는 언어가 실재를 대리하는 상징적 기호 체계이고, 기호와 지시 대상, 기호 표현과 기호 내용의 결합이 자의적이라는 점을 확대 해석해 언어와 현실, 표현과 의미

51 로즈메리 잭슨, 앞의 책, 54-58쪽 참조.

를 분리할 수 있을 것이라 생각했다.[52]

'비의미' 또는 '비대상'과 '무의미'의 개념적 유사성 이외에도 '비의미화론'과 '무의미시론' 사이에는 눈여겨볼 만한 또 다른 유사점이 존재한다. 로즈메리 잭슨은 비의미화의 영역 혹은 의미 없음의 영점을 향해 나아가기 위해 이름 없는 사물을 명료화하거나 사물 없는 이름에 의존하는 환상의 경향에 대해 '놀이'라는 표현을 썼다.[53]

김춘수는 허무를 지향하는 무의미시의 속성에 대해 '놀이'는 물론이고, '유희'와 '장난game'이란 용어를 쓴다.[54] 또 김춘수는 〈산문시 열전〉이란 시에서 로트레아몽의 〈말도로르의 노래〉를 빌려 "재봉틀과 박쥐우산이 해부대가 아니라, 눈 내리는 덕운德雲의 그 우물가에서 만났다면?"이란 구절을 만들어 낸 바 있다.[55] 초현실주의에 대한 관심을 무의미시로 풀었다 하겠다.

"무엇보다도, 해부대 위에서 재봉틀과 우산의 뜻밖의 만남과 같이 아름다운 것!"이라는 본래의 시구는, 이미지란 가능한 한 멀고 무관한 두 실재를 강제로 그리고 자의적으로 상호 연결시키는 것이라는 르베르디의 정의를 만족시키는 대표적 사례인데,[56] 김춘수는 이를 '래디컬 이미지'라 하고 서술적 심상과 더

---

52 이창민, 《양식과 심상》(월인, 2000), 102-105쪽 참조.

53 로즈메리 잭슨, 앞의 책, 59쪽.

54 김춘수, 〈장편 연작시 '처용단장' 시말서—60년대 후반에서 91년까지의 나의 시작 주변〉, 《처용단장》(미학사, 1991), 146쪽; 《김춘수전집》, 2권 '시론', 357, 379, 500쪽.

55 김춘수, 《서서 잠자는 숲》(민음사, 1993), 104쪽.

불어 무의미시의 근간으로 삼았다.[57]

로즈메리 잭슨의 설명에 의하면, 환상예술은 개별적 요소들을 병치하고, 전혀 예기치 못한 새로운 방식으로 단위들을 결합함으로써 무정부주의적인 담론을 향해 나아가는데, 그것은 앙드레 브르통에 의해 초현실주의적 방식의 고전적 예로 취해진 로트레아몽이 바로 이 시구에서 사용한 불가능한 병치들과 유사하다.

시의 한 갈래로서 순수시와 문학 양식으로서 환상은 의미 소실과 언어유희라는 속성을 공유한다. 이런 관점에서는 앞서 예로 든 이상이나 서정주의 시를 비롯해 김춘수의 이른바 '무의미시'와 이승훈의 소위 '비대상시' 및 이수명의 〈케익〉, 〈트럼펫〉, 〈어항〉, 이혜영의 〈치타자리〉, 〈여섯 개의 이미지를 기어올라가 푸른 달을 갉아먹다〉 등의 작품에 주목할 수 있을 것이다. 무의미시의 대표작으로는 〈보름달〉, 비대상시의 대표작으로는 〈사물 A〉를 들 수 있겠다.

5. '환상시'의 장르 설정 문제

토도로프는 "'환상시'의 앤솔로지라는 것도 있기는 하지만 …"이라는 조소로 장르로서 환상시의 성립 가능성을 단호히 부정했다. 그 이유는 단순하지만 명확하다. 하나의 텍스트를 읽을

---

56 프레드릭 제임슨, 《변증법적 문학이론의 전개》, 여홍상 · 김영희 옮김(창작과비평사, 1984), 106-107쪽 참조.

57 이창민, 앞의 책, 106쪽 참조.

때, 일체의 표상 작용을 거부하고, 문장 하나하나를 순수하게 의미론적인 조합으로 간주해 나간다면, 거기서는 환상 같은 것은 나타나지 않는다. 환상이란 표현된 세계에서 발생하는 사건에 대해 일정한 반응을 요구하는 것이기 때문이다. 환상은 허구 속에만 존재하니, 시는 환상이 될 수 없다.

시와 환상의 대립은 시와 허구의 대립에서 파생된다. 그것은 표상 가능성 여부를 관건으로 삼는 담화의 본성에 근거를 두고 있다. 표상적 성격은 문학 내에서 허구라는 용어로 지칭되는 영역을 지배한다. 시는 어떤 대상을 환기하고 지시하고 기술하는 작용을 거부하는 경향이 있다. 물론 이 대립은 이항 대립 대부분이 그렇듯 전부 혹은 전무 차원의 문제가 아니고 정도의 문제다. 시도 표상적 요소를 포함할 수 있고, 허구도 비표상적 부분을 내포할 수 있다. 하지만 기본적인 대립이 소멸되지는 않는다.[58]

토도로프의 논증은 특별히 현대시에 적합한 것이다. 그의 말대로 오늘날은 시적 이미지가 기술적이지 않다는 것, 그것이 지시 작용의 범주에서가 아니라 문학성의 수준에서 읽혀져야 하는 것임은 일반적으로 인정되는 사실이다. 시적 이미지는 사물의 조합이 아니라 말의 조합이니, 그것을 번역하거나 환원하는 것은 적절치 못한 일이다.

토도로프의 연구에서 환상은 담화의 문제인 동시에 시간의

58 츠베탕 토도로프, 앞의 책, 166-168쪽 참조.

문제이기도 한데, 환상의 시간성 역시 그것의 장르 설정을 곤란하게 한다. 환상 장르의 소설에서 현실과 꿈, 사실과 환각의 모호함은 이야기의 종말에 이르기까지 지속된다. 환상이란 이처럼 불확실한 시간을 차지하고 있는 것을 말한다. 어느 쪽으로든 대답이나 선택을 하게 되면 환상은 깨어지고 '괴기'나 '경이'라는 인접 장르로 이행하게 된다.

환상은 자연의 법칙밖에 모르는 사람이 초자연적 양상을 가진 사건에 직면해서 체험하는 망설임인바 환상은 망설임의 시간 동안만 유지된다. 환상은 바로 끊임없이 사라져가는 장르인 것이다. 또한 환상은 발화 행위의 존재 방식을 결정하는 시간성의 영향을 특별히 강하게 받는 장르로서, 불가역적 독해를 전제한다.[59] 이 점에서도 시는 환상으로 규정되기에 부적합하다.

환상에 관한 다른 주제의 논의에서와 같이 환상시의 장르 설정 문제 역시 토도로프의 논지를 통하지 않고서는 제대로 매듭짓기 어렵다. 토도로프 이론의 수정론자라 할 보르헤스 연구자 아나 바레네체아는 역사적으로 볼 때 항상 시가 비재현적이거나 비묘사적이었던 것은 아니라고 역설하고, 보르헤스의 시 〈골렘〉, 〈순환적 밤〉 등을 들어 환상시의 성립 가능성을 타진한 바 있다. 토도로프의 정의는 제한된 특정 시대에만 적용할 수 있는 것이기 때문에 환상문학과 시의 대립 공식은 재현적 문학과 비재현적 문학의 공식으로 대체해야 한다는 것이다.[60]

59 위의 책, 124, 200, 145-146쪽 참조.

60 황병하, 앞의 글, 367쪽 참조.

이것은 일리 있는 주장이라 할 수 있지만 토도로프의 추론에 대한 오해의 소지를 내포하고 있다. 토도로프는 허구에 반대되는 시의 개념이 역사적으로 항상 주도적이었다고 하지는 않았다. 토도로프는 수사적 문채를 이미지로 볼 것인지, 정식화된 언어를 버리고 표상으로 옮길 것인지에 대한 격렬한 논쟁의 역사를 분명히 논증의 전제로 제시했다.[61]

우리의 경우 토도로프의 정식을 다소 수정해 적용함으로써 환상시를 장르로 설정해 보려는 작업이 윤지영에 의해 시도된 바 있다. 초현실적 사건에 대한 수용자의 망설임이라는 규정에 관해, 먼저 초현실적 사건이란 조건을 초현실적인 이미지나 비일상적인 이미지의 연쇄로 수정하고, 다음으로 수용자의 망설임이란 조건은 생소한 이미지에 대한 합리화의 좌절로 대치하면 환상시가 장르로서 성립한다는 것이다. 이때 합리화의 실패는 시적인 독해나 우의적인 해석이 불가능하다는 것을 뜻한다. 윤지영은 텍스트의 초자연적인 사건을 지시적으로 읽는 것 외에는 다른 방법이 없을 때 초현실적이고 비일상적인 맥락이 그대로 유지됨으로써 환상의 요건이 충족된다고 봤다.[62]

이 논증의 문제점은 대략 세 가지다. 첫째, 시에 대한 일반적인 독법이 과연 텍스트의 합리화인가? 합리화란 의미의 합리화를 말하는 것인가 문채의 합리화를 말하는 것인가? 토도로프는 시적 독해의 핵심이 운율, 리듬, 문채, 형식 등에 있다고 했

61 츠베탕 토도로프, 앞의 책, 167쪽 참조.

62 윤지영, 앞의 글, 180-181쪽 참조.

다. 둘째, 설명과 사례를 종합해 볼 때 여기서 말하는 환상시의 외연과 내포는 기존 개념으로는 순수시, 편의상 쓰이는 명칭으로는 난해시, 무의미시, 비대상시 등과 크게 다르지 않은 것 같다는 점이다. 셋째, '환상시'는 보편적 갈래인 장르류로 성립하는 것인가, 아니면 역사적 갈래인 장르종으로 성립하는 것인가? 환상시의 장르 성립 문제는 소설에서와 마찬가지로 환상론의 종착점이자 시발점이다.

시론

한국 현대시에 나타난 환상의 양상

한국 현대시를 대상으로 환상성의 발현 양상을 검토한다. 논의의 성격은 양식적 주제론으로 한정한다. 연구의 목적이 환상시의 연대기를 작성하거나 목록을 정리하는 데 있지는 않으므로, 논고의 대상은 가급적 현대시사의 일반적 범위 내에서 취한다. 추론 과정은 두 단계로 나눈다. 먼저 현대시에 적용될 수 있는 형식적 기본 개념을 구성하고, 사례 분석을 통해 검증한다. 이어서 해당 작품의 의미론적 분포를 규명할 수 있는 유형을 설정한다. 본론의 기술 역시 이 순서를 따를 것인데, 그에 앞서 우선 이 연구가 준거하는 기존 논의를 밝히고, 그 맥락을 간략히 살핀다.

- 츠베탕 토도로프, 《덧없는 행복—루소론 · 환상문학 서설》, 토도로프 저작집 제5권, 이기우 옮김(한국문화사, 1996)
- 로즈메리 잭슨, 《환상성—전복의문학》, 서강여성문학연구

회 옮김(문학동네, 2001)

• 캐스린 흄, 《환상과 미메시스》, 한창엽 옮김(푸른나무, 2000)

• 윤지영, 〈'환상적인 시'와 '환상시'의 가능성〉, 서강여성문학연구회 편, 《한국문학과 환상성》(예림기획, 2001)[1]

토도로프는 장르론, 잭슨은 양식론, 흄은 기능론을 개진한다. 이론의 입각점이 또한 달라, 토도로프는 구조주의, 잭슨은 정신분석학, 흄은 형식주의를 견지한다. 이 중 토도로프의 저작이 가장 중요하고 문제적이다. 다른 둘은 토도로프 비판을 주요 내용으로 삼으면서, 그 보정을 통해 논지를 수립한다.[2] 윤지

1　이하에서 이들을 인용하거나 참고할 때는 주를 달아 표시하지 않고, 문장 말미에 저자와 면수만을 밝힌다.

2　잭슨은 일단 토도로프의 저작을 "후기 낭만주의 시대의 환상물에 대한 가장 중요하고 영향력 있는 비평적 연구"로 "환상성의 시학을 체계적으로 공식화한 최초의 작업"이라고 평가한다. 잭슨의 토도로프 비판 요지는 두 문장으로 요약된다: ① "토도로프의 책이 지닌 중요한 결함들 중 하나는 정신분석학적 이론에 관여하기를 꺼린다는 점이다." ② "토도로프는 '환상성'에서 문학 형식이 지닌 사회적 정치적 함의를 고려하지 않고 있다." 잭슨은 정신분석학을 이데올로기 비판의 수단으로 쓴다. 잭슨은 자신의 논의를 이렇게 규정한다: "이 연구는 바로, 환상성의 시학에 국한되어 있는 토도로프의 탐구를 형식의 정치학을 인식하는 단계로 확장시킴으로써 이 같은 문제를 개선할 만한 방법들을 제안하려는 시도이다"(잭슨, 14-15, 41, 83쪽). 흄은 토도로프를 "학문적 접근으로서 대중문학에 관해 최초로 연구를 시도한 학자"로 규정하고, "그의 연구는 환상문학이 학계에서 인정받는 계기를 만들었다"고 지적한다. 흄의 비판의 요점은 논의의 폭이 너무 좁다는 데 있는데, 이는 토도로프뿐만 아니라 잭슨에게도 해당하는 말이다. 그는 "환상을 하나의 장르(토도로프)나 양식(잭슨)으로 제한하지 말아야 한다"

영의 논문은 상기한 구조주의적 장르론, 정신분석학적 양식론, 형식주의적 기능론에 대한 이해를 토대를 두고, 한국 현대시를 대상으로 '환상시'의 성립 가능성을 타진한 것인데, 여기서도 논의의 중추를 이루는 것은 토도로프의 규정에 대한 수정이다.

여기에 제시한 세 권의 책들은 1990년대 중반 이후 활발하게 전개되고 있는 환상문학론에서 교과서와 같은 역할을 담당하고 있는데, 이 글 역시 이 맥락에서 크게 벗어나지 않는다. 윤지영의 논문은 한국 현대시를 대상으로 한 논의 중에서는 가장 정밀한 것으로 판단되는바[3] 그것을 수정, 보완하는 일을 연구의 동기의 하나로 삼는다.

1. 개념 설정—환상의 규정

토도로프는 시에서의 환상의 성립 가능성을 부정한다. 환상을 작품 세계에서 발생하는 사건에 대한 내포 독자의 반응을 기준으로 정의하고, 시를 허구fiction에 대립되는 장르로 규정하는 까

는 것을 전제로, 포괄적 정의를 제시한다. 토도로프의 정의는 단순할뿐더러 그에 부합하는 작품이 극소수라는 점에서 "불가피한 약점"을 지니고 있다는 것이다(흄, 16, 46, 52, 61쪽).

3 그 밖에도 한국 현대시를 대상으로 한 논의가 없지는 않으나 윤지영의 논문만큼 엄밀한 연구의 요건을 갖춘 것은 찾아보기 어렵다. 대부분의 논의가 근작을 중심으로 한 비평적 해설에 속한다. 노혜경, 〈세기말 시의 환상성, 환각과 환멸 사이로 난 좁은 길〉, 《오늘의 문예비평》(1997 가을); 정끝별, 〈세계를 지연시키는 자기 증식의 언어〉, 《천 개의 혀를 가진 시의 언어》(하늘연못, 1999); 최윤정, 〈몸의 언어로 재현되는 환상—90년대 여성시인을 중심으로〉, 《한국문학과 환상성》.

닭이다. 잭슨 역시 이 점에 대해서는 부정적이다: "토도로프가 지적한 것처럼 환상성은 알레고리나 시와 나란히 자리할 수 없다. 왜냐하면 환상성은 알레고리의 개념화와 시의 은유적 구조 둘 다에 저항하기 때문이다"(잭슨, 59쪽). 흄은 자신의 논지가 시에서 '상징 기호'로 활용될 수 있을 것이라 상정했을 뿐 구체적 논증은 시도하지 않았다. 그의 지적은 극히 단편적이다: "어떤 작품이 이야기의 흐름을 지니고 있다면, 산문 서사에 쓰이는 환상은 어떤 종류라도 이용할 수 있다", "그러나 서정시에서 환상은 상징과 은유를 통해 아주 쉽게 등장한다"(흄, 26, 263-264쪽).

윤지영은 환상에 대한 토도로프의 정의를 수정해 '환상시'에 대한 규정을 마련했다. 먼저 토도로프의 정의를 요약한다(토도로프, 131-148쪽).

① 텍스트가 독자로 하여금 기괴한 사건에 관해 자연적 설명과 초자연적 설명 사이에서 망설이게 만든다.

② 작중 인물이 그러한 망설임을 보이면, 독자의 역할이 그에게 맡겨져 양자의 동일화가 이뤄진다.

③ 독자가 텍스트에 대해 특정 태도를 취해 시적 독해와 우의적 독해를 모두 거부해야 한다.

④ 위 세 조건 중 첫 번째와 세 번째는 필수적이고, 두 번째는 임의적이다.

⑤ 환상은 망설임이 지속되는 동안만 유지된다.

⑥ 작품의 결말에 이르러 자연적인 설명이 이뤄지면 괴기가 되고, 초자연을 인정하게 되면 경이가 된다.

⑦ 환상을 중심으로 순수한 괴기, 환상적 괴기, 환상적 경이, 순수한 경이라는 인접 장르가 성립한다.

여기에 언급된 독자는 현실의 독자가 아니라 텍스트에 포함된 독자의 기능을 가리키는 것으로, 화자의 기능에 대응해 텍스트에 표시된다. 잭슨의 설명대로 독자의 망설임은 환상의 중심적인 주제적 이슈의 구조적 치환으로 이해될 수 있다(잭슨, 69쪽). 환상과 관련된 내포 독자의 핵심 기능은 두 가지다. 그는 이야기된 사건의 성질을 문제 삼는 동시에 그것을 이야기하고 있는 텍스트 자체의 성질도 문제 삼는다. 토도로프의 정의가 이렇게 엄밀할 수 있는 이유 중의 하나는 역사적 장르로서 환상을 다루기 때문이다. 이 정의가 귀납되는 논의 대상은 후기 낭만주의 시대의 고딕 소설인데, 토도로프는 그것을 이론적 복합 장르의 부분 집합인 역사적 장르로 다룬다.

토도로프에 따르면, 환상은 허구의 일부로서 담화의 본성의 차원에서 시와 대립하고, 수사적 문채의 차원에서 우의와 대립한다. 환상과 시의 대립은 표상성과 자의성字義性의 대립이고, 환상과 우의의 대립은 본의적 의미와 비유적 의미의 대립이다. 환상은 표상적(지시적 · 기술적) 담화가 본의적 의미로만 독해될 때 성립한다는 것이 텍스트의 성질에 관련된 설명의 요지다(토도로프, 165-169쪽).

'환상시'에 대한 윤지영의 규정은 이상의 요점을 논의 대상의 성격에 맞춰 조정하는 방식으로 이뤄진다.

> 우선, 초현실적인 사건에 대한 수용자의 주저함이라는 반응과 관련해서는 초현실적인 사건이라는 조건을 초현실적인 이미지, 혹은 비일상적인 이미지의 연쇄라는 조건으로 수정할 수 있다. 그리고 그에 대한 수용자의 주저함은 낯선 이미지에 대한 합리화의 좌절로 대치할 수 있다. […] 이때, 합리화의 실패는 시적인 읽기나 우의적인 읽기가 불가능하다는 것을 의미한다. 다시 말해, 텍스트의 초자연적인 사건을 지시적으로 읽는 것 이외에는 텍스트를 읽는 다른 방법이 없을 때 초현실적이고 비일상적인 풍경이 그 자체로 유지되는 것이다(윤지영, 180-181쪽).

이 같은 규정은 기본적으로 토도로프의 논의에 대한 비판에 입각해 있다(윤지영, 179-181, 189쪽).

① 토도로프의 환상론은 특수한 현상을 바탕으로 수립된 것으로, 논의의 폭이 제한적일 수밖에 없는데, 시의 경우 낭만주의 시대의 작품에 국한돼 있어 다기적인 방향으로 분화되어 가고 있는 현대시의 전모를 포괄하지 못하는 것은 당연한 일이니, 그의 논의에 기반을 두고 현대시에서 환상 논의를 접어두는 것은 부당한 일이다.
② 장르와 장르 읽기 관습은 역사적 산물로, 시간을 달리하면서 변화하는 것은 물론 공간을 달리함에 따라서도 그 구조

적 특질을 변경시켜 나가는 것이니, 현대시에 대한 읽기 관습 역시 역사적으로 구축된, 그야말로 관습에 지나지 않는다고 볼 수밖에 없고, 현대시가 특정한 읽기와 긴밀하게 연관된다고 말할 수도 없다.

첫 번째 비판은 토도로프의 논지를 오해한 것이다. 그가 말하고 있는 것은 허구와 시의 기본적인 대립 양상이지 질적 배타성이 아니다. 더군다나 토도로프는 표상성을 거부하는 시의 개념은 언제나 주도적인 것은 아니어서 프랑스 상징주의를 대표하는 말라르메에 이르러서야 비로소 예각화된다고 적시하고 있다.[4] 따라서 그의 논의가 시에서의 환상론을 접게 만든다는 비판은 부당하다. 오히려 토도로프의 저술은 그 속에 시를 대상으로 한 환상론에 긴요하게 쓰일 수 있는 기술을 적잖이 포함하고 있는 것으로 보인다.

두 번째 비판은 비록 사실이라 하더라도, 해석적 비평 이외의 분야에는 적용되기 어려운 관점에서 제기된 것이다. 문학의 구

---

4 "다만 이 대립은, 문학에서의 이항 대립 대부분이 그러하듯이, 전부냐 전무냐 하는 따위의 것은 아니며, 오히려 정도의 문제인 것이다. 시라 하더라도 표상적 요소를 포함하고는 있다. 그리고 허구에도 역시 텍스트를 불투명한 것으로 하고, 타동적이 아닌 것으로 하는 여러 특성들이 포함되어는 있다. 그러나 기본적인 대립은 존재한다. 이 같은 시의 개념은 주도적인 것은 아니었다. 그것은, 이 문제에 관한 역사를 훑어볼 것도 없이 분명할 것이다. 〔…〕 이미지에 있어서의 지각되기 어려운 뒷받침으로서가 아니라, 말이 말 그것으로서 포착되도록 되려면, 적어도 프랑스에서는 말라르메를 기다리지 않으면 안 될 것이다"(토도로프, 166-167쪽).

조나 체계가 문제되는 한 논제를 구성하는 모든 요소나 범주는 명시적이든 암시적이든 해당 작품에 기재돼 있지 않으면 안 된다. 텍스트 기제론機制論이 아니라면 문학 연구는 작품의 의미를 자의적으로 해석하는 비평이 될 터인데, 장르론에서 이런 방식을 취할 수는 없는 노릇이다.

이상의 논의를 바탕으로 삼아, 토도로프의 논지를 좀더 면밀히 분별하고, 윤지영의 규정에 나타난 문제점을 보완해 한국 현대시를 대상으로 한 논증에 소용될 수 있는 '환상시'의 개념을 구성해 보기로 한다.

먼저, '환상시'를 묘사 및 기술의 대상과 방식을 아우르는 일정한 표현 방식이나 작품 경향을 가리키는 양식 개념으로 설정한다. 그것은 일정 수의 특정한 구조적 원리와 추상적 규칙을 지닌 장르보다 포괄적이고 유동적이며, 하나의 장르는 언제나 인접 장르와의 관계에서 규정된다는 장르론의 원칙의 적용을 받지 않는다.

다음, 초자연적이고 비현실적 사건이나 현상의 기술이 주조를 이루는 작품을 대상으로 한다. 초자연성과 비현실성은 흄의 논의를 따라 "합의된 사실성consensus reality으로부터의 일탈"(흄, 57쪽)로 정의한다. 윤지영의 경우처럼 환상을 형성하는 요소를 '이미지'라는 용어로 규정할 이유는 없을 듯하므로, 작품 내적 세계의 사건과 현상을 통칭하는 말로 '사상事象'을 택한다.

그 다음, '환상' 개념의 외연을 경이와 괴기를 모두 포함하는 것으로 확대한다. 이 개념이 일반적으로 그런 뜻으로 쓰일뿐더러 시로서 두 장르의 경계선상에 위치하는 작품이나 환상적인 망설임을 어느 쪽으로든지 해소시키는 작품은 없는 것 같기 때문이다. (다만 여기에서는 괴기에 해당하는 작품은 다루지 않는다. 그 용어 그대로나 그로테스크란 개념으로 이에 속하는 작품을 다루는 분야가 따로 있기 때문이다.)

끝으로, 환상이 비유적 의미를 지니지 않는 경우에 한정해 개념을 적용한다. 환상의 비유적 사용 여부에 대한 판단은 작품 본문의 명시적 지시에 따른다.[5] 비유적 의미가 성립하지 않는다면, 작품에 기술된 내용이 표상성 또는 지시성을 가진 것으로 판단한다.

이 같은 규정은, 토도로프의 논지를 수용한 것이든 수정한 것이든 기본적으로 그것에 의지하는 것이므로, 그의 논의 중에서 이를 뒷받침할 수 있는 의론을 찾아 제시한다면 여기서 구성한 개념의 타당성이 보강될 수 있을 것이다. 해당 내용은 고골의 〈코〉에서 예고되고, 카프카의 〈변신〉에서 완성된 20세기의 초자연적 이야기에 대한 설명에 나온다(토도로프, 295-300쪽).

---

5 구조 분석에서 본의적 의미와 비유적 의미의 분별이 현실의 특정 독자의 해석과 무관하게 이뤄져야 함은 토도로프가 우의를 설명하면서 누누이 강조한 바다. 대표적인 지적만 인용한다: "이중의 의미는 작품 안에 명시적인 방법으로 지시되어 있으며, 특정 독자의 해석(자의적이든 아니든 간에)에 의존하는 것은 아니다"(토도로프, 171쪽); "텍스트 내부에 명시적인 지정이 있는 것이 아니면, 우의를 운운할 수는 없는 노릇이라는 것도 강조해 두지 않으면 안 된다"(토도로프, 182쪽); "우의라는 것에는 다른 의미에 관한 명료한 지시가 있다는 것이 전제가 되어 있으며, 이것이 우의를 대단히 특수한 것으로 한다"(토도로프, 267쪽).

〈코〉는 부조리하고 불가능한 일의 순수한 구현이다. 거기서 고골이 주장하는 바는 확실히 '무의미'라는 것으로, 실제로는 우의적 의미가 없음에도 흡사 그것이 있는 듯한 인상을 불러일으킨다(토도로프, 181쪽). 〈변신〉에서 독자는 '보편화된 환상'에 직면하게 되는데, 그것은 책의 세계 전체와 더불어 독자까지도 감싸 버린다.

환상은 본질적으로 기괴한 사건의 성질에 관해 작중 인물과 자신을 동일화하고 있는 독자가 품는 망설임에 바탕을 둔 이야기인데, 카프카의 이야기 속에서는 이 동일화의 규칙이 깨진다. 그것은 19세기 작품에 특징적이었던 텍스트 내부에 표현된 망설임을 버린 이야기로, 거기서는 이제 독자와 인물의 동일화가 불가능해진다. 독자의 역할은 '적응의 운동'으로 축소된다. 망설임도 없거니와 놀라움도 없는 상태로, 하지만 불안과 충격을 야기하는 방식으로 초자연적 요소가 주어지고, 독자는 그것을 용인하기 어려운 상황에서 이야기에 적응해 나가게 되는 것이다.

〈변신〉은 기술된 세계 전체가 그 내부에서 일어나는 사건과 마찬가지로 이상한 이야기며, 비합리적인 것을 게임의 일부로 다루는 이야기고, 작품 전체가 현실과는 아무런 관계가 없는 꿈의 논리를 따르는 이야기로, 거기에는 〈코〉와 마찬가지로 텍스트 자체에 기재돼 우의적 해석을 유도하는 명시적 지시가 존재하지 않는다. 토도로프가 인용하고 있는 바 사르트르가 블랑쇼 및 카프카의 소설과 관련된 환상 이론을 제안하면서 고안한 예시는 구성 방식이나 의미 구조에 있어 일반적으로 '환상시'

로 간주되는 작품과 일맥상통하는 것으로 여겨진다.

> 나는 카페에 앉아 크림 커피를 주문한다. 웨이터는 나에게 주문을 세 번 되풀이하게 하고, 잘못 듣는 일이 없도록 그도 복창을 한다. 그는 날쌔게 가서, 두 번째 웨이터에게 나의 주문을 전한다. 두 번째 웨이터는 그것을 수첩에 적고, 세 번째 웨이터에게 건네준다. 마지막으로 네 번째 웨이터가 와서 "기다리셨습니다"라고 말하고, 테이블 위에 잉크병을 놓는다. "아니야. 주문한 것은 크림 커피야"라고 내가 말한다. "그러니까 그것을 가지고 왔습니다"라고 말하면서 웨이터는 가버린다(토도로프, 300쪽).

지금까지 논의한 양식으로서의 '환상시'의 개념을 간단히 요약한다: 합의된 사실성에서 일탈하는 초자연적이고 비현실적인 사상이 기술된 내용의 주축을 이루고, 본문에 환상적 표현의 비유적 의미에 대한 명시적 지시가 없는 작품을 '환상시'라 규정한다.

2. 규정 검증—비유적 환상

환상시를 주제에 따라 유형화해 의미론적 분포를 기술하기에 앞서 초자연적 사상의 서술과 비유적 의미의 부재로 규정되는 개념의 타당성을 사례를 통해 검증한다. 검증의 초점은 비유적 의미로 인해 환상의 초자연성이 어떤 식으로 감소되거나 소멸하는지를 밝히는 데 둔다. 환상을 주제 표현 및 형식 구성의 핵심으로 삼은 작품, 환상의 구축을 정조 표출의 주된 기제로 삼은 작품, 환상적 서술을 의미 전달의 중심 구도로 삼은 작품, 정서나 심리의 형상화로서 환상적 비유 심상을 전면에 배치한 작품 등이 모두 대상이 될 수 있겠으나, 여기서는 상징적 의의를 고려해 한국 현대시의 남상을 이루는 시인의 작품을 택한다.

- 〈해에게서 소년에게〉(최남선)[6]
- 〈빛〉(이광수)
- 〈아기의 꿈〉(주요한)

〈해에게서 소년에게〉의 비유적 의미는 바다의 정체를 중심으로 형성된다. 바다가 무엇을 가리키며, 어떤 성질을 지녔는지는 각 연에 분명히 밝혀져 있는 의미의 단서를 통해 어렵지 않게 알아낼 수 있다. 1연의 '힘', 2연의 '힘과 권'이 바로 바다의 정체를 지시하는 표시니, 바다는 곧 위력과 권세 또는 역량과 권능을 체화한 존재를 나타낸다. 3연의 '진시황, 나파륜'은 힘과 권의 부정적 체현 사례로, 바다의 의미에 대한 오인을 막는 역할을 한다. 바다의 성상에 대한 지시는 부정문과 반의어에 대한 시사로 이뤄진다. 바다는 행세하지 않고, 영악한 체 하지 않고, 혼자 거룩하다 하지 않고, 더러운 것이 없다. 요컨대 이 시에서 발화와 행동의 주체인 바다는 술어로 이해되는 문장에 함축된 바람직한 권력상에 대한 비유로서만 의미를 지닌다.

6 이 장에서 다루는 작품의 경우 그 수와 분량이 많은 관계로, 다음 장인 〈환상시 관련 한국 현대시 작품〉에 별도의 자료로 첨부한다.

〈빛〉은 우주론적 환상을 표방하고 있다는 점에서 독특한 작품이다. 환상문학에 대한 흄의 분류 체계에 의하면, 이 시는 교정문학 중에서 우주론적 교훈주의를 제시한 것으로 볼 수 있다. 그에 따르면, 이에 속하는 작품은 우주의 본성이라는 주제에 초점을 맞추고, 환상을 통해 그 근원이나 종말에 대해 이야기한다. 환상을 사용하지 않고 우주의 본질에 관한 문제에 답하는 것은 불가능하기 때문이다(흄, 174-175, 204쪽). 우주에 관한 사실적 개념은 기실 환상적 표현보다 더 수긍하기 어려운 경우가 많다.

시가 시작하자마자 화자는 대뜸 만물의 근원이 되는, 항상 변하지 않는 구성 요소로서의 원소가 빛이라고 규정하고, 그것이 만유를 일원론적으로 통합한다고 기술한다. 그가 말하는 만물이란 그야말로 우주론적 제유여서 사람과 동물을 망라한 중생은 물론이고 항성을 포함한 천체를 망라한다. 하지만 원소로서 이 빛의 실체성은 바로 이어지는 다음 문장에서 부정된다. 여기서 만물은 중생, 빛은 마음과 유의어임이 적시된다. 3행과 4행은 이를 순서를 바꿔 지시한다. 2연에는 마음이 빛의 관형어를 이루는 문구가 두 번이나 나온다. 이 같은 본문의 지시를 따르면, 결국 빛은 마음의 비유에 지나지 않음이 명확해진다.

〈아기의 꿈〉에서 환상적인 것은 아기의 발화 행위 자체다. 발화 내용에는 초자연적이거나 비현실적인 요소가 없다. 이 시는 발화 행위의 주체에 따라 두 부분으로 나눌 수 있다. 3연까지의 발화 주체가 아기를 주시하는 관찰자임은 의심의 여지가 없다.

여기까지의 화자는 관찰자로서 아기를 바라보며, 그에 대해 말한다. 그런데 이후의 연에서는 발화의 주체가 누구인지가 명확치 않다. 아기를 바라보는 관찰자인 것 같기도 하고, 아기 자신인 것 같기도 하다. 4연 이하의 진술은 화자의 목소리와 인물의 목소리가 한 문장 안에서 함께 울리는 자유간접화법으로 진행된다. '아기는'이란 주어의 지시 대상은 삼인칭과 일인칭 사이에서, '-겠습니다' '-겠지요'란 어미가 쓰인 서술어의 의미 자질은 관찰자의 추측과 당사자의 의지 사이에서 미결정 상태로 유지되며, 발화 행위 관련 사항을 모호하게 만든다.

본문의 절반이 넘는 부분에서 화자와 인물의 분별이 불분명한 데 비해 이 시의 전체적인 의미 구조는 분명하다. 설사 후반부가 아기의 발화라 하더라도 그 맥락을 지시해 주는 명시적인 지침이 본문에 기재돼 있기 때문이다. 5연에 나오는 '꿈'이란 낱말이 그것이다. 발화에 그치건 행동으로 이어지건 여기에 서술된 내용은 꿈과 관련된 것이다. 이 시의 의미를 꿈과 연관시켜 봐야 함을 무엇보다 명백히 보여 주는 것은 바로 그 표제다. 꿈에 대한 기술이라면, 그 주체가 어른이건 아이건 환상적 성격을 견지하기 어렵다.

요컨대, 이 세 편의 시에서 환상은 비유적 의미의 존재로 인해 소멸되거나 약화된다. 세 작품 모두는 환상적 표현의 해석이 비유적 의미의 이해로 귀결돼야 함을 나타내는 명시적 지시를 본문의 일부로 포함하고 있다. 〈해에게서 소년에게〉에서 환상은 관념 또는 이념의 비유며, 〈빛〉에서 그것은 내심 또는 심성의 비유고, 〈아기의 꿈〉에서 그것은 심리 또는 의식의 비유다.

다음에 제시하는 작품은 순서대로 앞에서 언급한 작품에 대응하는 것으로, 환상의 표현에 있어 동일한 구조를 지니고 있다. 이로 미뤄 보건대, 현대시는 관념(이념)이나 내심(심성)이나 심리(의식)의 표현으로서 환상을 상용賞用하나, 그런 경우에 환상은 비유적 의미의 해득과 더불어 해소돼 버린다고 일반화시킬 수 있을 것 같다.

- 〈원에 관한 소묘〉(문덕수)
- 〈내 마음은〉(김동명)
- 〈사물 A〉(이승훈)

앞에서 환상시의 개념을 규정하면서, 환상이 기술 내용의 주축을 이루는 작품만을 대상으로 한다고 했는데, 여기서 그 이유를 간단히 밝힌다. 환상적 표현이 본문의 일부를 이루는 작품까지를 모두 포함한다고 하면 환상시의 외연은 현대시의 외연과 거의 같아질 것이다. 그렇다면 이를 양식으로나 장르로나 따로 설정할 필요가 없어진다. 또한 환상과 현실이 서로의 정체성을 유지하면서 공존하는 경우는 상당히 드물 것이라 여겨지는바 둘이 같이 나타난다 하더라도 대부분의 경우 현실의 중력이 환상의 파장을 흡수해 버리게 될 것이다. 그런 상황을 추정할 수 있을 법한 예를 든다.

• 〈별의 아픔〉(남궁벽)
• 〈제야〉(김영랑)

두 작품은 공히 토도로프가 유형화한 환상문학의 핵심 테마 중의 하나인 범결정론을 시사하는 진술을 담고 있다. 〈별의 아픔〉의 2연과 〈제야〉의 1연이 그것인데, 여기에 쓰인 의문문을 평서문으로 바꾸면, 범결정론을 표시하는 환상적 기술이 될 것이다.[7] 하지만 그렇게 수정한다 해도 이 시들이 환상적으로 독해될 가능성은 거의 없을 것 같다. 전자는 유비적 과장, 후자는 내심의 상징으로 보는 것이 합당하기 때문이다.

3. 분포 기술 — 환상의 의미

환상시의 개념 규정에 이어 그에 부합하는 것으로 여겨지는 실제 작품들을 대상으로, 환상시가 의미론적으로 어떻게 분포하는가를 기술토록 한다. 분포 기술의 근거는 해당 작품의 주제에서 취한다. 여기서 말하는 주제란 감각적으로 확인할 수 있는 작품의 의미를 뜻하는 것이 아니라 바로 그것이 기입되는 추상적 공동空洞 구조로서, 일반적으로 '테마'라 불리는 것을 가

7 토도로프에 따르면, 범결정론이란 일반적 인과계와 구별되는 보편적 인과율을 상정해 모든 사상들 사이에 필연적 관계를 지정하는 것을 뜻한다. 그것은 보편화된 결정론으로서 범의미론으로 귀결된다. 세계를 구성하는 모든 요소들 사이에 모든 수준에서 자연적으로는 포착되지 않는 특별한 관계가 존재한다는 것이니, 이 세계는 고도로 유의미한 것이 되기 때문이다(토도로프, 225-228쪽).

리킨다.

서술의 편의상 먼저 여기서 논의할 작품들과 그로부터 추상한 주제를 정리한다. 앞에서도 말했듯이, 논고의 대상은 가급적 현대시사의 일반적 범위 내에서 택할 것인데, 적절한 수의 실례를 구하기 어려운 경우에는 부득이 근작을 취한다.

작품	주제
〈접동새〉(김소월), 〈신부〉 〈견우의 노래〉(서정주), 〈딸 삼 형제〉(김동환), 〈청개구리〉(백기만), 〈간〉(윤동주), 〈직녀에게〉(문병란)	경이의 세계와 서사의 변형
〈청천의 유방〉 〈고양이의 꿈〉(이장희), 〈오감도 시 제1호〉 〈오감도 시 제15호〉 〈거울〉(이상), 〈또 다른 고향〉(윤동주)	욕망의 표출과 불안의 표현
〈사의 예찬〉(박종화), 〈유령의 나라〉(박영희), 〈늙은 창녀의 노래 2〉 〈아버지의 자장가〉(김언희), 〈거울〉 〈화분들〉(조말선)	전복의 기획과 위반의 기도
〈서풍부〉(서정주), 〈해파리〉(김춘수), 〈Episode〉(조향), 〈케익〉(이수명), 〈트렁크〉 〈모과〉 〈얼음여자〉(김언희)	언어의 유희와 의미의 소실

1) 경이의 세계와 서사의 변형

토도로프의 연구에서, 장르로서 '경이'란 '괴기'와 대립하는 것으로, 전자는 '수용된 초자연', 후자는 '설명된 초자연'으로 규정된다(토도로프, 146쪽). 경이의 세계란 설명할 수 없는 초자연적 세계로, 일상적이고 관습적인 현실에서 완전히 벗어나 있는 것이다. 작품 안에서 괴기가 기지의 사실로 해명되는 반면에 경이는 미지의 상태를 유지한다. 이에 대한 토도로프의 설명 중 환상시의 의미를 이해하는 데 도움이 될 만한 것들을 간추려 논의의 단서로 삼는다(토도로프, 194쪽).

① 경이의 이야기를 특징짓는 것은 초자연적 사상事象의 존재로, 그것이 작중 인물이나 내포 독자에게 불러일으키는 특정한 반응과는 무관하게 해당 사건의 본성에 의해 규정된다.〔괴기는 이와 정반대로 작중 인물의 감정에 결부돼 있는 것으로, 외적 사건의 성질과는 무관하다.〕(토도로프, 151쪽)

② 경이의 이야기에 적합한 시점은 삼인칭으로, 작품 안에 모습을 나타내지 않는 화자가 초자연적 사건을 보고하는 경우가 일반적이고, 좀처럼 일인칭을 사용하지 않는다.〔환상에는 이와 반대로 작중 인물로 등장하는 극화된 화자가 적합하다.〕

이상의 설명은 물론 시에 대립하는 허구를 대상으로 한 것이나 환상시로 분류할 수 있는 현대시의 일부에도 타당한 것으로 생각된다. 경이의 세계를 그린 작품으로 분류할 수 있는 시들은 현대시의 통상적인 장르 구분에서 설화시 또는 이야기시에 해당되는 것들이다. 장르 명칭에 명백히 나타나 있듯이, 이들은 서사적 담화 방식을 상용함으로써 양식적으로 서사물에 접근한다. 표본으로 삼을 만한 사례 두 가지를 든다.

• 〈신부〉(서정주)

• 〈접동새〉(김소월)

이 두 시는 모두 서사적 담화 방식을 사용해 짧은 본문 속에 한 편의 이야기를 압축해 놓고 있다. 분량이 많지는 않으나 이야기 구성에 필수적인 의존 화소를 모두 갖추고 있어 의미의 파악이나 맥락의 이해에 전혀 지장이 없다. 문면으로만 본다면 두 시에는 특별히 시적인 해석을 요구하는 부분은 없는 것으로 판단된다. 또한 양자는 공히 경이의 요건을 두루 갖추고 있다. 〈접동새〉의 일부에서 미묘한 시점의 유동이 있기는, 전체적인 골격에 있어 둘은 모두 삼인칭 시점에 의한 초자연적 사건의 보고라는 서술 방식을 따른다.

토도로프에 의하면, 경이의 장르는 일반적으로 동화와 결부돼 있고, 동화를 하나의 장르로 변별케 하는 것은 모종의 문체상의 특징인데(토도로프, 159쪽), 토도로프가 지적만 하고 상술하지는 않은 이 특징은 잭슨에 의해 간명하게 정리된 바 있다. 그에 따르면, 동화로 대표되는 경이적 서사의 문체적 특징은 전통적인 공식 어법을 반복하고, 서술 행위를 부각하지 않는데 있다(잭슨, 49쪽). 위의 두 작품에서 서술 행위가 큰 의의를 지니지 않음은 분명하다. 〈신부〉에서 연결 어미로 이어지는 긴 문장과 〈접동새〉에서 '옛날'로 시작하는 도입구는 관습적인 어법의 재현으로 봐도 무방할 것이다. 요컨대 양자는 내용에서나 화법에서나 동화에 비견되는 구조를 갖추고 있다.

서사적 담화의 기본 형식을 착실히 따르고 있는 〈신부〉와 달리 〈접동새〉에는 시점의 전환을 이용해 담화 양식을 변형시킨 부분이 들어 있어 주목된다. 설화의 도입구가 3연에 놓여 있는 것은 단순한 배치상의 변형이어서 크게 문제될 것이 없다. 하지만 4연의 발화는 시점을 이동하는 것이어서, 의미 형성에 상당한 변화를 초래한다. 이전까지 '누나'는 보통 명사에 해당하는 일반인이었다가 여기에 이르러 고유 명사에 해당하는 특정인으로 전환된다. 특별한 화법을 통해 보편과 특수를 연결하고, 일반과 개별을 매개한다는 점에서 이 부분은 시와 허구의 분기점 내지는 서정과 서사의 분리선을 보여 주는 실례로 간주할 수도 있을 듯하다.

이 두 작품이 간명하나마 이야기 전체를 담고 있고, 그중 하나는 서정적 변형을 보여 준다는 사실에 착안하면, 이야기의 일부만 내세우고 나머지는 배경으로 삼은 작품이 있을 것임을 짐작할 수 있고, 나아가 그러한 취사의 과정이 서사의 시적 변형을 가져올 것임을 추정할 수 있다. 이에 해당하는 예를 든다.

- 〈견우의 노래〉(서정주)
- 〈간〉(윤동주)

다음 작품들은 위에서 논의한 각 경우에 해당되는 다른 사례로서 순서대로 이야기 전체를 서정적 변형 없이 기술한 경우와 이야기 전체를 서정적 변형을 통해 서술한 경우, 그리고 이야기 일부를 서정적 변형을 통해 표현한 경우에 해당한다. 이야기 일부를 서정적 변형 없이 서술한 경우는 논리적으로는 설정 가능하나 현실적으로는 있을 수 없으므로 논외로 한다.

- 〈청개구리〉(백기만)
- 〈딸 삼 형제〉(김동환)
- 〈직녀에게〉(문병란)

2) 욕망의 표출과 불안의 표현

문학에서 환상의 조성을 욕망의 표현 방식으로 보는 관점은 장르론에 버금가는 입지를 가진다. 이런 시각을 대표하는 논자가 잭슨이다. 그의 책은 단순화해 말한다면, 환상에 대한 정신분석학적 연구다. 잭슨은 환상과 욕망의 관련 양상을 논의의 중추로 삼고, 다음과 같이 환상을 정의한다: "요컨대 환상은 욕망에 관한 문학으로서 부재와 상실로 경험되는 것들을 추구하는 것이다"(잭슨, 12쪽).

기존 논의의 맥락을 살피건대, 욕망을 창작의 동기로 취급하거나 독해의 전제로 설정하는 것은 이론적으로나 실제적으로나 타당한 정향으로 판단된다. 다만 이러한 이해 방식은 욕망의 기호가 작품의 문면에 명시적으로 기재된 경우에 한해 적용돼야 할 것이다. 전기적 작가론으로 확대된다면, 이런 관점은 타당성을 상실한다. 토도로프 역시 과도한 형식에 의한 강렬한 욕망의 묘사가 환상문학의 주요 테마를 이룬다는 점에 입각해 환상과 정신분석 사이의 관련성을 지적하기는 했지만, 텍스트 구성 요소를 전기 사항에 결부시키는 데에는 강력하게 반대했다.[8]

환상이 욕망의 기호임을 내재적으로 명시하고 있는 그런 작품을 생각할 때 가장 먼저 떠오르는 시인은 이상이다. 아닌 게 아니라 이상은 환상시의 영역에서 대표적인 시인으로 평가받는다. 윤지영의 논의에서 그의 시는 환상시의 시발점으로 정립된다(윤지영, 189쪽). 그런데 시사를 좀더 면밀히 검토하면, 환상을 통해 욕망을 표출한 더 이른 시기의 작품을 찾아볼 수 있는데, 이장희 시가 그것이다. 환상을 욕망 표출의 표상으로 삼은 두 사람의 대표작을 든다.

- 〈청천의 유방〉(이장희)
- 〈오감도 시 제1호〉(이상)

---

8 "작가의 전기가 그의 작품과 관여적 관계에 있는 케이스도 확실히 존재한다. 그러나 이러한 관계가 작품 분석에서 이용 가능하기 위해서는, 그것이 작품 자체의 특징이 되어서 주어져 있지 않으면 안 된다. 불행한 어린이였던 호프만이 유년기에 체험한 공포를 쓴 것이 사실이라 하더라도, 이와 같은 지적에 설명적 가치가 생기기 위해서는 유년기에 불행했던 작가는 누구나 마찬가지로 행동한다는 것, 혹은 어린이의 공포에 관한 기술은 모두 불행한 유년기의 작가의 손으로 이루어지는 것이라는 것 중 어느 것인가가 증명되지 않으면 안 된다. 이 두 가지 관계의 어느 것인가가 실재한다고 확정할 수 없는 한, 호프만이 어린 시절 불행했다고 하는 지적에 설명으로서의 가치는 없고, 단순한 암합의 지적임에 지나지 않는 것이다"(토도로프, 274-275쪽).

〈청천의 유방〉에 묘사된 광경은 화자의 눈앞에서 펼쳐지는 풍경이다. 이 시가 내면 심리의 표현임은 부정할 수 없겠으나, 문면에서 그것은 실제적인 정황으로 그려진다. 푸른 하늘을 올려다보는 화자의 눈에 유방과 젖이 보인다. 그가 이것을 비유적 심상이 아니라 구체적 실체로서 경험하고 있음을 나타내는 표시는 대상에 대한 인상과 반응을 기록하고 있는 감각적인 어사들이다. 유방은 따사롭고 불룩하고 아름답고 탐스럽다. 젖은 달콤하게 방울지려 한다. 자극적인 어사로 조성된 감각성은 이 시의 내용을 환상의 표현으로 인지케 하는 첫 번째 요인이다.

이 시를 수사적 문채의 조성이 아니라 환상적 경험의 재현으로 간주케 하는 또 다른 요인은 심상의 표상성에 있다. 문맥으로만 판단컨대, 여기에 제시된 심상에는 상징적 · 우의적 의미가 부재하는 것으로 보인다. 토도로프에 의하면, 환상은 비유 표현의 본의적 의미를 현실화하는 것으로 비유적 의미가 문자 그대로 취해지는 데서 생기는 것이므로(토도로프, 187-189쪽), 내포 독자가 작품의 본문을 시적으로도 우의적으로도 읽지 않아야 성립하는 것이다(토도로프, 132쪽). 그가 말하는 시적 독해란 말라르메 이후의 현대시에 특별히 적합한 것으로, 시적 이미지의 자동사성을 전제로, 일체의 표상 작용을 거부하고 문장 하나하나를 순수하게 의미론적인 조합으로 연결해 나가는 독법을 가리킨다(토도로프, 167쪽). 이런 설명을 엄격히 따르자면 현대시에서는 환상이 실현되지 않는다고 보는 것이 마땅할 것이다.

하지만 토도로프의 논지는 시를 대상으로 환상성을 논할 수 있는 여지를 완전히 배제하는 것은 아니다. 거기에는 시적 환상의 성립을 특수한 경우로 취급할 수 있게 해주는 몇 가지 단서가 포함돼 있다. 먼저 허구의 표상성과 시의 비표상성의 대립은 전부 혹은 전무의 문제가 아니라 정도의 차이임이 인정된다. 또한 시적 표현을 문채와 이미지, 언어와 표상 중 어느 쪽으로 독해하는지에 대한 격렬한 논쟁이 지속돼 왔음이 지적된다(토도로프, 166-167쪽). 이에 더해 환상의 중핵을 이루는 이미지는 무한infinite 이미지와 유한limited 이미지 사이에 위치한다고 설명된다(토도로프, 133쪽). 여기서 무한 이미지는 상징, 유한 이미지는 우의에 해당하는 것이다.

요컨대 시에서 환상은 작품의 문맥이 언어적 상징이나 우의적 비유로 독해되지 않는 경우에 성립하는 것으로 인정할 수 있다. 〈청천의 유방〉의 주된 심상이 대상의 근접성, 정황의 직접성, 정서의 강렬성 등으로 인해 상징으로 간주되기 어렵다는 사실은 이미 명쾌하게 지적된 바가 있다.[9] 화자의 처지를 식민지적 삶의 비유로 보거나 어머니의 정체를 예수와 동격인 하느님으로 보는 식으로,[10] 이 시의 의미를 우의적으로 파악하려는 시도 또한 없는 것은 아니나 문면에 대한 해석으로는 그리 적절해 보이지 않는다. 이런 논의를 종합적으로 고려컨대, 이 시

9 황현산, 〈이장희의 푸른 하늘의 유방〉(《현대시학》, 2000. 3), 193쪽 참조.

10 전자는 황현산의 관점이고(위의 글, 195쪽), 후자는 김인환의 관점이다 〔〈비유의 힘—이장희〉, 《다른 미래를 위하여》(문학과지성사, 2003), 283쪽〕.

는 상징적이지도 우의적이지도 않으면서 표상적이라는 점에서 환상을 구현하고 있다고 할 수 있겠다.

이 시의 환상성을 강화하는 또 하나의 요인은 환각적 심상을 야기하는 욕구의 속성에 있다. 흔히 여기에 표시된 화자의 심리는 어머니에 대한 그리움이라 요약되는데, 이는 틀린 말은 아니나 너무 포괄적이라 사태의 성격을 제대로 적시하지는 못한다. 화자의 욕구는 인격적이거나 사회적인 것이 아니고 신체적이고 생리적이다. 정확히 말하자면, 그가 그리워하는 것은 인격으로서의 어머니가 아니라 어머니의 신체고, 그중에서도 가슴이고, 거기서 나오는 젖이다. "눈물겨운 애구의 정"과 "쓸쓸한 심령"이란 궁극적으로는 "주린 식욕"으로 수렴되는 것으로, 본능적 욕망을 정서적 욕구의 차원으로 치환해 말해 놓은 것이라 할 수 있다. 이 시가 다른 것과 구별되는 주제 유형을 대표하는 사례가 되는 가장 큰 이유가 여기에 있다.

일견 이상의 시는 이장희의 것과는 달리 환상을 통한 욕망 표출을 주제로 삼고 있는 것으로 보이지 않는다. 여기에 표시된 화자의 심리는 '무섭다'는 말로 집약된다. 작품을 통틀어 이 말은 19번이나 나온다. 간단히 말하자면, 이 시는 공포의 표현이다. 작품의 배경이 되는 것은 도로고, 거기를 13명의 아이들이 질주한다. 도로란 말은 도시를 시사하고, 질주란 말은 속력을 강조한다. 아이들 모두가 무섭다고 그러는 까닭이 정확한 문구로 명시돼 있지는 않으나 그 이유를 추론할 수 있는 단서는 기재돼 있다. 다른 사정은 없는 것이 차라리 낫다는 언사가 그것이다. 다른 사정이 없다면, 모였다는 것이 사정일 수밖에 없고, 그렇다면 집합이 바로 공포를 야기하는 원인이라고 추정할 수 있을 것이다.

13명의 아이들이 모여 도로를 질주하는데, 그들은 그러한 군집 자체에서 무서움을 느낀다. 여기서 '13'은 다수의 표상이라 볼 수 있을 것이다. 이 시의 구성은 기술 내용의 성격에 따라 두 부분으로 나뉜다. 앞의 세 연은 주로 외적 사실을 묘사하고 있고, 나머지는 내적 판단을 서술하고 있다. 판단에 해당하는 문장은 앞부분에도 두 개가 나오는데, 모두 괄호 속에 들어 있다. 이를 포함해 판단의 내용을 요약하면, 배경 조건, 행동 양식, 개별 정체에 상관없이 무섭다는 것이다. 이를 근거로 이제 군집이 공포의 원인이라고 단정해도 무방할 것이다.

이 같은 공포의 표현을 욕망의 표출과 등가의 주제로 간주할 수 있는 이론적 토대는 심리학과 철학 양쪽에서 모두 취할 수 있다. 심리학에서 환상은 욕망과 욕구의 환각적인 충족을 지향하는 심리적 기제로 정의되는 동시에 불안과 갈등을 무의식적으로 처리하는 방법으로 규정된다.[11] 환상은 욕망과 불안이라는 두 가지 요인에 의해 동기화되는바 양자는 동일한 계기를 지칭하는 상이한 술어라 할 수 있다. 둘은 모두 부재와 결핍이라는 근본 원인에 기인하는 것으로, 부재와 결핍은 욕망과 불안이라는 심적 충동을 유발하고, 이로부터 환상과 환각이라는

11 줄리아 시걸, 《환상》, 장수정 옮김(이제이북스, 2003), 92쪽 참조.

의식 현상이 야기된다. 욕망이 됐건 불안이 됐건 환상의 역할은 두 가지니, 그것들을 표현하는 동시에 위장하는 것이다.[12]

환상에서 욕망과 불안의 등가성에 관한 논의를 지지해 줄 수 있는 철학적 기반은 쾌락론에서 찾아볼 수 있다. 욕망의 추구를 불안의 회피와 동격으로 다루는 것과 같은 논리로 철학은 쾌락과 고통을 연계한다. 쾌락을 고통의 부정으로 정립하는 명제는 두 가지로 압축된다: "모든 헤도니즘의 원리는 쾌락이 아니라 고통의 회피이다", "감각주의의 행복 개념에 상응하는 감각은 고통의 부재이기보다 고통으로부터의 해방이다." 따라서 "쾌락을 모든 인간행위의 궁극적 목적으로 만들고자 하는 사람은 쾌락이 아닌 고통이, 욕망이 아닌 공포가 자신의 참된 지표임을 어쩔 수 없이 인정하게 된다."[13]

〈청천의 유방〉과 〈오감도 시 제1호〉는 욕망의 표출과 불안의 표현이 환상시에서 하나의 주제를 형성한다는 사실을 단적으로 보여 주는 작품으로 간주할 수 있다. 두 시인의 작품 가운데 동일한 주제를 형상화한 또 다른 작품이 있는데, 어느 것에서

---

12 위의 책, 15쪽 참조. 잭슨도 같은 식으로 얘기한다: "환상은 욕망을 표현하는 데('표현하다'의 서로 다른 의미들에 따라) 두 가지 방식으로 작용할 수 있다. 환상은 욕망에 관해 말하거나 명시하거나 보여 줄 수 있다(묘사, 재현, 명시, 언어적 발화, 언급, 기술한다는 의미에서의 표현). 또한 환상은, 욕망이 문화적 질서와 연속성을 위협하는 하나의 장애 요소일 경우에 그 욕망을 추방할 수 있다(압박하고, 누르고, 배제하며, 힘으로 어떤 것을 제거한다는 의미에서의 표현). 많은 경우 환상문학은 두 기능을 동시에 수행한다"(잭슨, 12쪽).

13 Hannah Arendt, *The Human Condition*, 2nd ed.(Chicago: The University of Chicago Press, 1998), pp. 113, 309.

나 환상적 심상이 구체적으로 제시됨과 아울러 그런 표상을 유발하는 심적 충동이 명시적으로 표출돼 있음은 물론이다.

- 〈고양이의 꿈〉(이장희)
- 〈오감도 시 제15호〉(이상)

욕망이나 불안을 환상적으로 표현하고는 있으나 환상적 사건 및 존재가 실체적으로 그려져 있지 않거나 환상적 심상 및 현상의 원인이 되는 심적 충동이 분명하게 표시돼 있지 않은 작품이 또한 존재한다. 이런 경우 표상의 성격이 관념화되거나 의미의 맥락이 일반화되기 때문에, 환상성이 제대로 발현되지 않는다. 이상과 다른 시인의 작품 중에서 다음과 같은 것들이 이에 해당한다.

- 〈거울〉(이상)
- 〈또 다른 고향〉(윤동주)

3) 전복의 기획과 위반의 기도

환상의 정치적 함의를 지적하는 논의에서는 통상적으로 '전복'과 '위반'이란 용어가 사용된다. 다른 주제에 속하는 작품과 마찬가지로 여기에 포괄될 작품은 환상의 제시와 동일한 수준에서 현실의 정치적 맥락이 작품 내에 적시된 것이어야 할 것이다. '환상의 정치학'을 수립하는 일은 환상론의 긴급한 요청이기는 하나 이런 조건을 전제로 보면 이론과 실제의 괴리가 커진다. 환상적 심상을 전면에 내세운 작품이라 하더라도 그 내용이 현실적 한계 체험의 서술 내지는 극한 상황의 묘사인 수가 많고, 정치적 의도를 포함하고 있다고 인정되는 작품이라 하더라도 그것의 실현은 특정한 해석을 통해서만 가능한 경우가 많기 때문이다.

환상론에서 제기되는 정치학은 일반적으로 해석의 지평을 겨냥한다. 이는 환상의 정치성에 초점을 맞추는 대표적인 논자인 잭슨이 분명히 밝히고 있는 바다. "급진적인 문화적 변형의 가능성"(122쪽)을 타진하고, "실제 사회의 변환"을 조준하는 그의 논의는 다음과 같은 독법에 토대를 두고 있다: "희망적이게도, 환상물들을 읽는 과정에서 일어나는 탈신비화 현상은 우리에게 무의식적으로 작용하는 많은 텍스트들을 무력화시킬 수 있는 가능성을 시사한다"(잭슨, 20쪽).

역설적이게도 "형식의 정치학"(잭슨, 15쪽)을 입안함으로써 환상의 위상을 변경하려는 잭슨의 시도는 환상적 지각으로부터의 탈피를 기반으로 삼는다. 그의 논지대로라면, 환상에는 현실 전복적 기능과 반사회적 충동이 내재해 있고, 이로 인해 사회적 맥락의 한계에 대한 투쟁과 실재적 범주 규정에 대한 공격이 가능해진다. 하지만 그 가능성은 본문의 문맥 속에 구현되는 것이 아니라 해석의 맥락에 의해 비로소 실현되는 것이다. 이런 입장에서 환상은 현실의 음화로 규정되면서 의미화되는데, 환상의 의미를 구성하는 이 같은 해석의 맥락을 잭슨은 "부정적 관계성"(잭슨, 40쪽)이라 부른다.

흄의 지적처럼 "환상은 정치에 관해서는 실험적인 영역"이며, "환상의 정치학에 관한 연구가 필요한 시점에 다다랐다"(흄, 18쪽)는 사실은 인정할 수 있지만, 그렇다고 환상의 정치성을 현실과 관련된 해석의 문제로 돌릴 수는 없는 노릇이다. 그렇게 하면 두 가지 이유로 논의에 차질이 빚어진다. 먼저 정치적 해석의 지평 위에서 환상을 현실의 반대물로 정립하는 것은 기실 환상을 현실화하는 것과 마찬가지다. 환상의 근거가 현실에 있고, 그 의미가 현실의 부정에 있다면 환상이 전유專有하는 고유한 자질이란 없는 것이나 다름없다. 언어의 속성을 감안할 때, 대립물을 설정할 수 없을 정도로 독자적이거나 자립적인 심상이나 개념이 존재하기는 어려우므로, 해석에 의해 정치적 의미를 부여할 수 없는 환상은 거의 없을 것이다.

다음으로 현실과 연합해 환상을 의미화하게 되면, 의미의 진폭이 지나치게 확대돼 대부분의 환상이 '반현실'이라는 일반적인 의미밖에 지니지 못하게 될 수 있다. 그럴 경우 여기서 행하고 있는 것과 같은 주제 분류가 불가능해질뿐더러 불필요해진다. 현실에 대립해서 부여되는 환상의 의미는 토도로프가 말한 바 초자연의 기능과 대동소이한 것이 되지 않을까 한다. 그에 따르면, 초자연의 기능은, 문학적이든 사회적이든 규칙의 침범이다. "사회생활의 내부에서든 이야기 내부에서든 간에, 초자연적 요소의 간섭은 언제나 미리 확립해 있던 법칙 체계 안에서의 파괴를 형성하고 있으며, 또한 바로 그것으로 해서 정당

화되는 것이다"(토도로프, 292쪽).

이런 기능이나 의미도 충분히 정치적일 수 있으나, 그 해당 범위가 너무나 포괄적이어서 환상문학 전체를 망라할 수 있다. 물론 환상은 현실과 대립적으로 결부될 수 있고, 많은 경우 그렇게 이해하는 것이 바람직할 것이다. 하지만 특정한 환상을 대상으로 현실에 반대하는 정치적 의미를 운위하려면, 텍스트 내 환상적 사상事象이 선명하게 표상되고, 이와 동일한 수준에서 환상에 대립하는 현실의 정치적 맥락이 분명히 표시됨과 아울러 명백히 정치적인 발언이 명시돼 있어야 할 것이다. 이렇게 한정하지 않는다면, 환상과 현실의 정치적 대립 양상에 대한 논의는 구체적 · 가시적으로 확인할 수 있는 작품의 구조를 기술하는 일을 넘어 추상적 · 관념적으로 상정할 수 있는 창작의 배경까지를 해석하는 일이 돼 버릴 것이다. 다음의 작품이 여기서 말하고 있는 조건이 연역적으로 부과된 제한이 아니라 실작實作에서 추출된 것임을 보여 줄 수 있는 하나의 사례가 될 수 있을 것이다.

• 〈사의 예찬〉(박종화)

이 시에서 정치적 발언은 판단을 서술하는 문장과 청자에 대한 명령 및 청유를 나타내는 문장의 교차를 통해 순차적으로 이뤄지는데, 전자와 후자의 관계가 발화의 문맥을 구성한다. 예를 들어 1연에서 화자는 명령하고 단정하고 다시 명령하는데,

뒤의 명령은 앞의 단정을 부정한다. 여기서 명령과 단정을 나타내는 문장은 역접 관계를 이룬다. 동일한 명령과 동일한 단정을 두 번씩 반복한 것은 양자의 대립을 부각하는 동시에 명령의 강도를 높이기 위한 방도라 하겠다.

2연의 경우 명령과 판단은 인과관계로 연결되니 후자가 전자의 근거가 된다. 명령을 나타내는 문장이 단일한 데 비해 판단을 나타내는 문장이 복잡하게 반복되는 까닭은 근거의 내용 구성 때문이기도 하지만 그 표현 방식 때문이기도 하다. 명령에 바로 이어지는 판단은 반어적 의문으로 종결되는데, 마지막 문장은 이 의문을 확신으로 대체한다. 이로써 이 연에서 제시하는 사실의 진실성은 반어와 확인을 통해 이중으로 강조된다. 이하의 연에서도 발화의 문맥을 구성하는 주된 문장들은 대략 이와 동일한 방식으로 결속된다.

정치적 주제를 내포한 환상시로서 이 시가 지닌 중요한 특징 중의 하나는 어느 일방의 성상性狀이 다른 일방에 반대되는 것으로만 암시되지 않고, 양방의 자질과 속성이 별도로 지시된다는 데 있다. 여기서 환상이 현실에 대립하는 실재로 제시됨은 명백하지만 어느 쪽이든 그 의미나 성격을 파악하기 위해 텍스트에 명시되지 않은 다른 쪽 술어의 반의어를 반드시 취해야 하는 것은 아니다. 양편에는 각각 독자적으로 스스로를 구성하고 표현할 만한 어사가 충분히 배당돼 있다. 환상의 지형과 현실의 맥락이 공히 해석의 지평 위에서뿐만 아니라 작품의 구조 속에서도 개별적으로 표상될 수 있는 것은 바로 이 때문이다.

특이하게도 이 시는 현실과 환상을 상식적 관점과는 반대로 규정함으로써 정치적 전언을 구성한다. 현실을 환상이라 하고, 환상을 현실이라 하는 것인데, 이런 생각은 여기에 제시된 특별한 판단을 도출하는 전제가 되는 동시에 강경한 설복의 논리를 이끄는 동기가 된다. 현실이 기실 환상이고 환상이 바로 현실이라는 역설은 이 시에 제기된 모든 주장의 바탕을 이루는 것으로, 공리에 가까운 기능을 한다. 그 자체는 논증되지 않으면서 다른 추론의 기초로서 자명한 이치처럼 가정되기 때문이다.

이 시의 조사措辭에 따르면, 현실과 환상의 대립은 '이 세상' 및 '이 시절'과 '이곳' 및 '그 때'의 대비로 지시된다. 장엄하고 거룩한 환상 세계에는 생명이 있고, 참이 있고, 진리가 있지만 눈물 나고 허무한 현실 세계에는 이들 모두가 결여돼 있다. 현실은 아름답고 화려해 보이지만 본디는 추접스럽고 더러운 곳으로, 그 진선미란 현실태로서는 어쨌건 한낱 "흐트러진 만화경 조각" 내지는 "아지 못할 한때의 꿈자리"에 불과하다. 첫 연과 마지막 연에 반복되는 "훈향내 높은 환상의 꿈터"란 말이 가리키는 곳은 이상 세계가 아니라 현실 세계다.

"온갖 추예를 가리운 이 시절" "이 세상"에서는 결코 이룰 수 없고, 오직 그것을 초월해 있는 죽음의 세계에서만 실현되는 가치는 '생명', '참', '진리'란 개념으로 적시돼 있는데, 일견 이들은 어느 것이나 추상적 덕목에 지나지 않는 것으로 보인다. 만약 이 같은 가치들이 개념이나 덕목으로만 제시되고 말았다면 이 시는 정치적이라기보다는 철학적인 것이 돼 버렸을 것이고, 그 정치성은 실념론의 차원에서나 운위될 수 있을 것이다. 이 시에는 가치 개념의 주관적 추상화나 추상적 명목화를 방지하고, 주장의 현실성과 논지의 실재성을 강조하기 위한 어사가 기재돼 있으니, '살림'이란 낱말이 바로 그것이다.

3연 모두에 나오는 '살림을 세운다'는 말은 관용적인 어법상 생활을 꾸리거나 생계를 도모한다는 뜻을 배제하고 쓰이기는 어렵다. 이 어구는 그 앞에 나오는 가치 개념들을 사회생활의 자장 속으로 수렴하면서 거기에 일상적인 함의를 부여한다. 이로써 그 뒤에 이어지는 '바람 불고 눈물 나고 허무한 밤의 시름'이란 시구의 의미의 초점은 관념적 사유의 난경보다는 현실적 생활의 질곡에서 빚어지는 근심에 맞춰지게 된다.

요컨대 이 시는 선명한 비현실적 표상과 명백히 반사회적인 발언 및 분명한 현실적 맥락의 표시, 그리고 일상생활의 실상에 대한 지적을 본문의 문맥 속에 두루 갖추고 있는 상태에서, 이들 사이에 논리적 관계를 설정하고 이념적 지향을 표명하고 있는 까닭에 환상시로서 실제적인 정치적 의미를 내포한 대표적 사례로 취할 수 있다. 다소 번다하기는 하나 이 같은 요건이 제대로 갖춰지지 않은 경우 환상성과 정치성 중 어느 한쪽에 대해서는 논의할 수는 있을지언정 양자의 중첩이나 교직에 대해서는 언급하기 힘들어지므로, 이것들은 환상을 통해 정치적 주제를 구현하기 위한 필수적인 조건이라고 할 수 있다.

일반적으로 위의 시와 거의 유사한 경향을 지닌 것으로 간주되나 환상시로서 여기서 다루고 있는 주제를 구현한 것으로 보기는 어려운 작품으로 다음과 같은 시를 들 수 있다.

• 〈유령의 나라〉(박영희)

이 시는 〈사의 예찬〉과 흡사한 구성 방식을 지니고 있으나 환상시로 다루기에는 미흡하다. 두 시는 공히 현실 세계에 대한 반대와 비현실적 세계에 대한 지향을 환상과 현실의 대립, 환상을 통한 가치 추구, 현실의 부정적 규정을 통해 표현하고 있다. 또한 두 시는 모두 사자의 형상을 환상 조성의 요체로 삼는다. 해골과 유령이란 차이는 있으나 둘은 다 생자에 반대되는 것으로, 죽음의 세계에 수렴된다는 점에서 일맥상통한다.

두 작품이 반현실의 표상으로서 죽음을 해골과 유령의 모습으로 그리는 것은 환상문학의 일반적 경향에 부합하는 것이라 할 수 있다. 잭슨에 따르면, 죽음은 직접적으로 묘사될 수 없는 것이므로, 문학에서 그것은 해골 같은 상징적 문양 또는 유령 같은 망상적 존재로 나타난다. 죽음은 우리 삶에서 어떤 형태도 갖지 않는 것으로, 우리의 무의식은 죽을 수밖에 없는 우리의 운명을 재현할 어떠한 여지도 갖지 못한다. 이는 무가 인간의 유한성보다 더 잘 알려진 사유이면서도 동시에 더 낯선 사유인 것과 마찬가지다(잭슨, 92쪽).

이렇듯 이 시는 앞에 인용한 시와 유사하고, 환상문학의 일반적 특징을 갖추고 있지만 환상시의 범주에 들지 않는다. 핵심적인 이유는 두 가지로 정리된다. 먼저, 이 시에서 환상은 현실화되지 않으므로 표상성을 지니지 못한다. 앞에서 지적한 대로, 환상은 비유가 문자 그대로 실현됨으로써, 즉 비유 표현의 본의적 의미가 현실화됨으로써 성립하는 것인데, 여기서 비유는 시종 비유에 그칠 뿐 실재로서 취해지지 않는다. '유령'의 의미는 비유로서 현실을 부정하는 관념 내용에 제한된다. 나아가 이 시는 환상적 존재가 비현실적 실체가 아니라 꿈속의 가상임을 애초에 적시하고 있는바 이는 본문 전체의 문맥을 합리화하면서 그 환상적 성격을 소거한다.

다음으로, 여기서 표방하고 있는 이념적 지향은 지극히 추상적인 덕목으로만 제시되고 말아 실제적인 정치적 의의를 내포하지 못한다. 〈사의 예찬〉에서나 이 시에서나 현실에 반대하는 의식 내용이 특정한 개념어로 집약되는 것은 사실이다. 하지만 전자에 표방된 이념적 지향이 궁극적으로는 정치 행위의 기반이자 목적인 사회생활의 영역에서 구현될 가능성을 시사하고 있는 것과는 달리 후자가 제기하는 가치 규정은 시종일관 관념 형태의 범주를 벗어나지 않는다.

이 시에서 '현실'이란 말은 일견 대단히 사실적인 비유의 뒷받침을 받고 있는 듯하지만 그 비유는 주제를 이루는 덕목과는 상관없는 사변적 단상을 전달하고 있을 뿐이다. '공장'을 보조관념으로 취한 비유의 취의가 노동 행위 및 분업 체계와 무관하게 이해될 수 없음이 분명하고, 이 시의 주제어인 '사랑'이 인간에게 근원적이고 보편적인 감정 및 이에 바탕을 둔 두 사람 사이의 인격적인 관계를 가리키는 것이 또한 분명하다면, 논리적 매개나 상황적 배경 없이 그 둘을 직접 연결하기는 어려운 일이다. '현실'이란 낱말이 '꿈', '유령', '여신' 및 이들을 포함한 어구의 대어對語로 적기돼 있긴 하지만 문맥상 이 말들은 전부 '사랑'의 반의어나 유의어로서만 의미를 지닌다. 결국 이 시는 진정한 사랑의 추구라는 현대시에 일반적인 주제를 환상적인 비유를 활용해 표현한 수사적인 작품이라 하겠다.

정치적 주제를 전면적으로 다룬 환상시가 드문 것은 무엇보다 여기서 지적한 것처럼 환상의 표상적 속성과 실제적인 정치적 의미를 동시에 확보해야 한다는 요건을 충족시키기 힘들기 때문인 것으로 여겨진다. 이는 기술적인 문제라기보다는 환상과 현실의 근본적인 '비양립성'에 기인하는 것으로 생각된다. 앞서 규정을 검증한 장에서 상론한 대로 환상과 현실의 상호자립적 양립은 현실의 구심력으로 인해 제대로 구현되기가 대단히 어렵기 때문이다.[14]

환상의 정치성에 대한 연구는 근자에 들어 상당히 활발하게 행해지고 있는데, 그런 논의에서 주목받는 작품들 상당수는 여기서 제기한 조건에 비춰볼 때 환상성과 정치성의 일원적 결속을 문맥화하지는 못하고 있다고 판단된다. 이런 현상은 특히

14 '양립성'과 '비양립성'은 토도로프가 환상 테마의 분포를 기술하면서 사용한 용어다. 환상문학의 테마는 '나(시선)의 테마'와 '너(담화)의 테마'로 대별되는바 두 테마 계열 사이에는 비양립성이 존재하고, 양자가 동시에 나타나는 경우는 바로 그러한 특징을 말하기 위해서라는 것이 그의 설명인데, 이러한 분석의 형식은 정치적 주제를 다루고 있는 환상시에도 타당한 것이 아닌가 한다.

여성성의 견지에서 성차에 초점을 맞춰 남성 부권제를 비판하는 작품에서 두드러지는 것으로 보인다. 다음 시들이 예가 될 수 있겠는데, 이들은 정도의 차이는 있으나 어느 것이나 문맥에는 노출되지 않으나 특정한 사회적 입장에 따른 해석의 맥락에 의해서 정치적 의의를 부여받는 작품이라 할 수 있다.

- 〈늙은 창녀의 노래 2〉〈아버지의 자장가〉(김언희)
- 〈거울〉〈화분들〉(조말선)

4) 언어의 유희와 의미의 소실

환상문학의 중요 자질 중 하나가 언어의 유희와 그에 따른 의미의 소실에 있다는 점은 환상론에서 공통적으로 지적되는 사항이다. 먼저 토도로프는 고골의 〈코〉를 환상문학의 한계적인 경우로 다루면서 '무의미'에 대해 언급하고 있다. 앞서 개념 설정을 시도하면서 언급했듯이, 〈코〉는 20세기에 초자연문학이 어떤 것이 되는지를 예고하는 있는 작품으로, 독자에게 우의성에 대한 전망과 무상성에 대한 인상이라는 모순된 감정을 동시에 불러일으킨다. 이 소설은 부조리와 불가능의 순수한 구현으로서, 토도로프는 여기서 고골이 주장하는 바를 확실히 '무의미non-sens'라고 설명한다(토도로프, 181쪽). 윤지영에 따르면, 언어의 관습적인 용법을 파괴하거나 언어를 유희의 도구로 사용하는 것은 환상시가 지닌 부정 정신의 발현이고, 이런 양상은 '언어유희'나 '놀이'라는 개념으로 규정된다(윤지영, 170-172쪽).

환상문학의 이 같은 자질을 본격적으로 다룬 논자는 잭슨으로, 그는 '비의미화non-signification'를 환상문학의 양식에 관한 이론의 한 장으로 삼는다. 이 문제에 대한 그의 논의의 핵심은 다음과 같은 개념적 표현들에 집약되어 있다: 의미화의 결핍, 말할 수 없는 것의 수사학, 순수한 기표의 창조, 무의미를 특징으로 하는 어휘적 단위, 이름 없는 사물과 사물 없는 이름의 제시 및 그에 의존하는 놀이, 난센스 발화, 대상이 없는 담론, 텅 빈 발화, 의미하지 않는 기호의 언어, 기호론적 과잉과 의미론적 공허의 세계, 비-의미화의 영역, 의미 없음의 영점(잭슨, 54-61쪽).

흄 역시 이런 특징에 주목하는데, 환상을 등치적 리얼리티로부터의 일탈로 간주하는 그의 논지에 따르면, 환상의 유희적 성격 및 의미의 결핍은 등치적 구성 방식의 위반에서 발생하는 것이라 할 수 있다. 그에 의하면, 환상문학 내에는 무의미시라고 할 작품이 존재하고, 이들은 관습적인 방식으로 의미를 추출하려는 시도를 좌절시킴으로써, 리얼리티를 인식하는 가설적 체계가 현존함을 일깨우면서 그것을 부정한다(흄, 223-225쪽). 또한 이런 유형의 작품들은 글쓰기가 모방적 재현이 아니라 관습적 구성임을 현시하면서, 언어의 동어반복적 속성과 예술의 자기 지시적 성격을 극단적으로 강조한다(흄, 61, 90쪽). 구체적으로 그것은 조작을 통해 의사소통 수단의 부적절함에 대해 주의를 환기시키거나 아예 그것을 파괴하는 데 전념한다(흄, 210, 220쪽).

물론 이 같은 설명은 주로 소설을 중심으로 한 환상문학론에서 제기된 것이고, 순이론적인 측면이 강해 여기에서 다루는 대상에 그대로 대입할 수는 없지만, 구체적인 작품을 통한 적용 가능성의 검증과 주제 설정의 타당성에 대한 논증이 병행된다면 논의 전개에 유용한 전제로 삼을 만하다고 생각된다. 다음과 같은 시가 언어의 유희 및 의미의 소실을 주제화하고 있는 작품의 대표적 사례가 될 수 있을 것이다.

- 〈서풍부〉(서정주)
- 〈해파리〉(김춘수)

〈서풍부〉에 대해서는 장르론의 관점에서 그 구조를 명쾌하게 해명한 정치한 분석이 이뤄진 적이 있다. 그에 따르면, 이 시는 설화적 배경이나 관념적 내용을 완전히 삭제하고 오직 환상에 의해서만 구성한 순수시의 전형이다. 따라서 이것은 분석하거나 해석할 수 없는 시라 할 수 있다. 설화와 관념을 비롯해 이 시에는 의미 생성의 통상적 조건이라 할 다음과 같은 요인들이 부재한다: 의미의 핵심, 정상적인 어법, 삶의 인상, 습관적이고 경험적인 현실, 경험적 의식, 현실과의 모사적 상관성. 이 같은 요소를 모두 배제한 이 시의 근거는 다음과 같은 말들로 지적된다: 전율하는 낱말들의 역동적 긴장, 단어들이 뒤섞여 이뤄 내는 놀이, 환각적인 문체를 통한 구조화, 사물 지시 기능에서 벗어난 언어의 재편성. 한마디로 여기서는 "무언가 환각적인 것, 무언가 맹목적인 것이 시의 근거가 된다."[15]

서사나 극은 사건 · 성격 · 배경 등이 복합된 지속의 완결성을 지녀야 하고, 서정은 상황의 완결성을 갖춰야 한다는 것은 장르론의 일반적 상식인데,[16] 이 조건들은 한 편의 작품이 단일한 개체로서 인정받는 데 필요한 관례적인 요건이라 할 수 있다. 만약 이것이 결여되면 작품 내적 세계는 완결성이 결여된 체험의 단편이나 표현의 집합으로 간주되는바 이 시가 바로 그러하다. 화법의 측면에서 보면 내심 독백과 자동 기술로 일관하고 있다고 할 이 시에는 작품에 통일성을 부여할 최소한의 요건으로서 설화적 질서나 관념적 논리는 말할 것도 없고 언술적 문리조차 존재하지 않는다. 따라서 이것은 의미 없는 언표의 연쇄로서 언어적 유희의 성격을 강하게 표출하는 작품에 해당한다고 말할 수 있다.

그런데 가지적可知的 의미를 찾을 수 없긴 하지만 감각적 인상의 수준에서 이 시가 주는 느낌은 상당히 강렬하다. 문맥적으로 인지할 수 있는 설화나 관념이 아예 존재하지 않으므로 여기서 받는 특별한 인상은 오로지 의미 없이 조성된 심상에서 비롯하는 것이라 할 것인데, 위의 분석에 기술된 대로 정말로 이것을 "스스로 점화되어 불타오르는 시"[17]라 규정한다면, 그 원료는 심상일 수밖에 없고, 그런 점에서 이 시는 무엇보다 이미지 구성에 치중하는 환상문학의 보편적인 자질을 부정적으

15 김인환, 《한국문학이론의 연구》(을유문화사, 1986), 13-15쪽 참조.

16 김흥규, 《문학과 역사적 인간》(창작과비평사, 1980), 189쪽 참조.

17 김인환, 앞의 책, 15쪽.

로 구현하고 있다고 할 수 있을 것이다.[18]

〈해파리〉 역시 이 같은 특징을 공유하고 있는 시로, 굳이 구조에 대해 논하고자 한다면, 의미의 삭제와 유희의 실현을 구성의 중추로 삼고 있다고 운위할 만한 작품이다.[19] 제목으로 보면, 이 시는 해파리의 지각 내용을 표상한 것이라 하겠고, 내용으로 보면, 대상이 부재하는 상태를 기술한 것이라 하겠다. 여기에 그려진 것은 인간의 시선이 닿을 수 없는 깊은 바다 속 풍경이다. 이 또한 하나의 세계라면 세계겠지만 결코 인간의 세계일 수는 없다. 인간적 관점이나 인식과 무관한 세계를 묘사

18 환상문학이란 대체로 비현실적인 것의 현실화 내지는 비가시적인 것의 가시화를 지향하는 장르니 만큼 심상 조성을 우선하는 것은 자연스런 일이라 하겠다. 흄은 이런 설명에서 더 나아가 환상문학에서 이미지가 갖는 중요성을 의도론과 수용론의 관점에서 논한다. 그에 따르면, 이미지를 내세움으로써 환상문학은 언어에 토대를 둔 합리적인 반론을 피하면서 독자에게 직접적인 영향을 미친다(흄, 162쪽). 이미지는 논리를 바탕으로 수용되거나 거부되는 언어적인 논증이 아니라 상상을 통해서 의식 속으로 들어오는 것이므로, 독자의 언어적 방어선을 공략할 수 있는 효과적인 공격 수단이 된다(흄, 173쪽). 이런 설명은 충분히 수긍할 만하나 환상의 문맥화에 초점을 맞추는 이 글의 주제를 벗어나는 것이어서 자세히 다루지 않는다.

19 이 시는 이른바 '무의미시'를 대표하는 작품으로 알려져 있다. 김춘수는 이 양식에 대해 시론을 통해 자세한 설명을 가했는데, 그의 해설과 환상문학의 '비의미화'에 대한 논의 사이에는 술어나 논리에 있어 유사한 점이 많이 발견된다. 하지만 양자의 관련성은 시론과 문학론을 대상으로 이론적인 비교 연구를 행해야 해명될 수 있는 것이어서 여기서는 다루지 못한다. 다만 이전에 이에 관련된 사실 몇 가지를 간단히 언급한 바 있어 밝힌다. '무의미시론': 《양식과 심상》(월인, 2000), 102-109쪽; '무의미시론과 비의미화론의 유사성': 〈환상시론의 이론적 전제〉(《돈암어문학》 16집, 돈암어문학회), 51-56쪽.

하고 있다는 점에서, 이 시는 언어학적 범주와 구별되는 가치론적 범주에서 무의미하다고 말할 수 있다. 가치론의 차원에서 의미란, 흄의 말대로 "일련의 규칙에 따라 현상들을 인간의 관심사와 관련이 있게 만들고, 나아가서는 인간의 관심사에 중요한 것으로 만드는 가치 체계"(흄, 273쪽)인 까닭이다.

이 시에 대해서도 앞의 시에서 언급한 논자에 의해 탁월한 분석이 이미 행해졌는데, 그 대의는 위에서 서술한 것과 크게 다르지 않다. 〈서풍부〉가 관념이나 설화 없이 자체적으로 연소하는 것과 같이 〈해파리〉 역시 그것들 없이 자동적으로 진동한다. 전자에서 "낱말들은 삶의 어떤 인상을 드러내지 않는다. 다만 스스로 서서 스스로 말하는 독자적인 공간을 구성하고 있을 뿐이다."[20] 마찬가지로 후자에는 "바다 밑 세계에 대한, 어떠한 정보도 들어 있지 않다. 이 시의 언어는 스스로 말하고 스스로 울린다."[21] 이 설명에 따르면, 여기에는 정보뿐만 아니라 청자도 없고, 지시 대상이나 관련 상황도 없다. 그렇다면 이것을 의사소통의 회로에서 이탈한 자율적 전언이라 해도 무방할 것이다.

토도로프는 환상문학의 테마를 분석하면서 피아제의 이론을 참조해 환상문학의 항상적 테마와 유아 세계의 기본적 성격이 상동적임을 밝힌 바 있다(토도로프, 236쪽). 그의 지적대로 환상의 세계가 유아의 세계처럼 객체, 공간, 시간, 인과라는 네 가지 범주의 혼란에서 발생하는 것이라면, 이 시는 확실히 환상적이

20 김인환, 앞의 책, 14쪽.

21 김인환, 《상상력과 원근법》(문학과지성사, 1993), 134쪽.

라 할 만하다. 여기에서 객체의 독립성, 공간의 연속성, 시간의 지속성, 인과의 논리성 따위를 찾는 것은 부질없는 일일 터이다. 이런 범주에 기반을 둔 해명은 어느 것이나 이 시는 논의의 준거가 되는 바로 그 범주의 혼란을 드러내고 있다는 결론에 도달하지 않을 수 없을 것이다. 시간성을 예로 들자면, 이 시는 처음에는 달도 없고 별도 없다고 해 놓고서 뒤에 가서는 해가 진다고 하고, 게다가 밤이 오지 않는다고 덧붙이고 있는 것이다. 현실에서라면 해도 없고 달도 없다면 시간도 없다고 말하는 것이 자연스런 일이다.

지금까지 살핀 두 시는 비현실적이어서 환상적이고, 비논리적이어서 무의미한 작품으로, 의미의 부재라는 면에서 앞서 설정한 다른 테마와 구별되는 독자적인 주제를 형상화하고 있다 하겠는데, 문맥의 구성이 조금 난삽하고 심상의 구조가 다소 기괴해 재미있거나 장난스럽다는 뜻에서 유희적이라 할 특징은 잘 드러나지 않는다. 이런 자질은 흔히 무의미하다기보다는 초현실주의적이라고 지칭되는 시에서 찾아볼 수 있다.

- 〈Episode〉(조향)
- 〈케익〉(이수명)

환상문학과 초현실주의의 상관성은 잭슨에 의해 비교적 명확히 해명된 바 있다. 그에 의하면, 초현실주의는 대상의 해체와 불연속적인 형식의 유동성 같은 주제를 사용한다는 점에서 환상물과 공통점을 갖는다(잭슨, 52-53쪽). 또 환상문학에 흔히 볼 수 있는 통사적 질서의 과격한 위반은 로트레아몽, 랭보 같은 소위 초현실주의의 선구자나 말라르메, 아르토 등에게서도 똑같이 발견될 수 있다(잭슨, 35쪽). 잭슨은 로트레아몽 시의 일절을 들어 양자 사이의 유사성을 지적한다. "해부대 위에서 재봉틀과 우산이 만난 것 같이 아름다운 것!"이란 저 유명한 〈말도로르의 노래〉에 나오는 구절이 바로 그것이다. 이 시구는 이미지란 가능한 한 멀고 무관한 두 실재를 강제적이고 자의적으로 연결시키는 것이라는 르베르디의 정의에 부합하는 사례로서,[22] 앙드레 브르통에 의해 초현실주의의 고전적인 예로 취해졌던 것이기도 하다.

물론 초현실주의 작품이 곧 환상문학인 것은 아니어서 양자 사이에는 결정적인 차이가 존재한다. 잭슨은 그 차이점으로 두 가지를 언급한다. 먼저 초현실주의 문학은 경이의 장르에 가까운 것으로, 비현실적 사건에 대한 서술자의 태도가 표명되지 않는다. 서술자는 태연한 무관심이나 일종의 중립성을 가지고 사건을 기록한다(잭슨, 53쪽). 다음으로 환상은 유추나 비유에 의해 성립하지 않는다. 환상의 기초는 비교가 아니다. 그것은 등가에 기반을 두고 이뤄진다(잭슨, 113쪽). 이 같은 설명에 입각해 규정하자면, 두 시는 초현실주의적인 심상 구성 방법을 서사적인 순차적 서술 방식으로 변형함으로써 무의미성과 유

22 프레드릭 제임슨, 《변증법적 문학이론의 전개》, 여홍상 · 김영희 옮김(창작과비평사, 1984), 106-107쪽 참조.

희성을 동시에 추구해 본 작품이라 할 수 있겠다.

이상에서 한국 현대시를 대상으로 환상시의 개념과 범주를 규정하고, 환상성의 표현 양상을 구체적인 사례를 중심으로 검토했다. 여기서 연구 영역을 양식적 주제론으로 한정하고, 현대시사의 일반적 범위 내에서 사례를 취한 것은 이론과 실제의 양 측면에서 논의의 범위가 확대되어 문학론이나 시사론에 근접하는 것을 막기 위해서였다. 궁극적으로는 환상시론이 정립되고 환상시사가 기술돼야겠지만 현재의 수준에서 거기까지 나아가는 것은 다소 무리가 아닌가 여겨진다. 기존 논의의 성과를 배경으로 환상시의 존재를 확인하고, 기본적인 특징을 발견하는 데 의의를 두고 여기서는 두 가지 방향에서 환상시의 이론과 실제를 탐구했다.

먼저 '환상' 또는 '환상적'이란 개념은 환상적 표현을 포함한 여러 유형의 작품에 두루 적용될 수 있겠으나, 양식 명칭으로서 '환상시'란 용어의 지칭 범위는 특별한 요건을 갖춘 작품에 한정돼야 한다고 보고, 다음과 같이 특정 양식으로서 환상시가 구비해야 할 조건을 규정했다: '합의된 사실성에서 일탈하는 초자연적이고 비현실적인 사상이 기술된 내용의 주축을 이루고, 본문에 환상적 표현의 비유적 의미에 대한 명시적 지시가 없다.' 다음으로 이 같은 조건을 충족시키는 시들을 대상으로 해당 작품이 구현하고 있는 주제에 입각해 의미론적 분포의 기술을 시도한바 다음과 같이 상호 변별적인 네 가지 주제 유형

을 도출했다: '경이의 세계와 서사의 변형, 욕망의 표출과 불안의 표현, 전복의 기획과 위반의 기도, 언어의 유희와 의미의 소실.'

자료

환상시론 관련 한국 현대시 작품*

비유적 환상

海에게서 소년에게 • 최남선

1

처…… ㄹ썩, 처…… ㄹ썩, 척, 쏴……아.
때린다 부순다 무너 버린다.
태산 같은 높은 뫼, 집채 같은 바윗돌이나,
요것이 무어야, 요게 무어야.
나의 큰 힘 아느냐 모르느냐, 호통까지 하면서,
때린다 부순다 무너 버린다.
처…… ㄹ썩, 처…… ㄹ썩, 척, 튜르릉, 꽉.

---

* 앞 장인 〈한국 현대시에 나타난 환상의 양상〉에서 언급한 작품 전체를 자료로 이 장에 제시한다.

2

처……ㄹ썩, 처……ㄹ썩, 척, 쏴……아.
내게는 아무 것 두려움 없어,
육상에서, 아무런 힘과 권權을 부리던 자라도,
내 앞에 와서는 꼼짝 못하고,
아무리 큰 물건도 내게는 행세하지 못하네.
내게는 내게는 나의 앞에는
처……ㄹ썩, 처……ㄹ썩, 척, 튜르릉, 꽉.

3

처……ㄹ썩, 처……ㄹ썩, 척, 쏴……아.
나에게 절하지 아니한 자가,
지금까지 있거든 통기하고 나서 보아라.
진시황, 나파륜, 너희들이냐.
누구 누구 누구냐 너희 역시 내게는 굽히도다.
나하고 겨룰 이 있건 오너라.
처……ㄹ썩, 처……ㄹ썩, 척, 튜르릉, 꽉

4

처……ㄹ썩, 처……ㄹ썩, 척, 쏴……아.
조그만 산모를 의지하거나,
좁쌀 같은 작은 섬, 손뼉만 한 땅을 가지고,
고 속에 있어서 영악한 체를,

부리면서, 나 혼자 거룩하다 하는 자,
이리 좀 오너라, 나를 보아라.
처……ㄹ썩, 처……ㄹ썩, 척, 튜르릉, 꽉.

5
처……ㄹ썩, 처……ㄹ썩, 척, 쏴……아.
나의 짝 될 이는 하나 있도다.
크고 길고 넓게 뒤덮은 바 저 푸른 하늘.
저것은 우리와 틀림이 없어,
작은 시비, 작은 쌈, 온갖 모든 더러운 것 없도다.
조따위 세상에 조 사람처럼.
처……ㄹ썩, 처……ㄹ썩, 척, 튜르릉, 꽉.

6
처……ㄹ썩, 처……ㄹ썩, 척, 쏴……아.
저 세상 저 사람 모두 미우나,
그 중에서 똑 하나 사랑하는 일이 있으니,
담 크고 순진한 소년배들이,
재롱처럼 귀엽게 나의 품에 와서 안김이로다.
오너라 소년배 입 맞춰 주마.
처……ㄹ썩, 처……ㄹ썩, 척, 튜르릉, 꽉.

빛 • 이광수

만물은 빛으로 이어서 하나.
중생은 마음으로 붙어서 하나.
마음 없는 중생 있던가?
빛 없는 만물 있던가?
흙에서도 물에서도 빛은 난다.
만일에, 탈 때에는 왼 몸이 모두 빛.

해와 나,
모든 별과 나,
빛으로 얽히어 한 몸이 아니냐?
소와 나, 개와 나,
마음으로 붙어서 한 몸이로고나.
마음이 엉키어서 몸, 몸이 타며는 마음의 빛.
항성들의 빛도 걸리는 데가 있고
적외선 엑스선도 막히는 데가 있건마는
원願 없는 마음의 빛은 시방十方을 두루 비쳐라.

아기의 꿈 • 주요한

벌써 어디서 다듬이 소리가 들린다.

별이 아직 하나밖에 아니 뵈는데,
달빛에 노니는 강물에 목욕하러
색시들이 강으로 간다.

바람이 간다, 아기의 졸리운 머리 속으로.
수수밭에 속삭이는 소리를
아기는 알아듣고 웃는다.

아기는 곡조 모를 노래로 대답한다.
어머님이 아기 잠을 재우려 할 적에.

어머님의 사랑하는 아기는
이제 곧 잠들겠습니다.

잠들어서 이불에 가만히 누인 뒤에
몰래 일어나 아기는 나가겠습니다.
나가서 저기 꿈 같은 흰 들길에서
그이를 만나 어머님 이야기를 하겠습니다.

그러면, 어머님은 아기가 잘도 잔다 하시고,
다듬질한 옷을 풀밭에 널러
아기의 웃는 얼굴에 입맞추고 나가시겠지요.

그럴 적에 아기는 앞 강을 날아 건너,
그이 계신 곳에 가 보겠습니다.
가서 그이에게 어머님 이야기를 하겠습니다.

원에 관한 소묘 · 문덕수

한 개의 원이
굴러간다.
천사의 버린 지환이다.
그 안팎으로 감기는 별빛과
꽃잎들……
금빛의 수밀도만한
세 개의 원이
천 개의 원이
굴러간다.
신의 눈알들이다.
어떤 눈알은 모가 서서
삼각형이 되어
쓰러진다.
어떤 눈알은 가로누운
불기둥이 되어
뻗는다.

한 개의 원이
8월 한가위의 달만큼
자라서 굴러간다.

내 마음은 · 김동명

내 마음은 호수요,
그대 저어 오오.
나는 그대의 흰 그림자를 안고,
옥같이 그대의 뱃전에 부서지리다.

내 마음은 촛불이요,
그대 저 문을 닫아 주오.
나는 그대의 비단 옷자락에 떨며, 고요히
최후의 한 방울도 남김없이 타오리다.

내 마음은 나그네요,
그대 피리를 불어 주오.
나는 달 아래 귀를 기울이며, 호젓이
나의 밤을 새이오리다.

내 마음은 낙엽이요,

잠깐 그대의 뜰에 머무르게 하오.
이제 바람이 일면 나는 또 나그네같이, 외로이
그대를 떠나오리다.

사물 A · 이승훈

사나이의 팔이 달아나고 한 마리의 흰 닭이 구 구 구 잃어버린 목을 좇아 달린다. 오 나를 부르는 깊은 명령의 겨울 지하실에선 더욱 진지하기 위하여 등불을 켜 놓고 우린 생각의 따스한 닭들을 키운다. 닭들을 키운다. 새벽마다 쓰라리게 정신의 땅을 판다. 완강한 시간의 사슬이 끊어진 새벽 문지방에서 소리들은 피를 흘린다. 그리고 그것은 하아얀 액체로 변하더니 이윽고 목이 없는 한 마리 흰 닭이 되어 저렇게 많은 아침 햇빛 속을 뒤우뚱거리며 뛰기 시작한다.

별의 아픔 · 남궁벽

임이시여, 나의 임이시여, 당신은
어린아이가 뒹굴을 때에
감응적으로 깜짝 놀라신 일은 없으십니까.

임이시여, 나의 임이시여, 당신은
세상 사람들이 지상의 꽃을 비틀어 꺾을 때에
천상의 별이 아파한다고는 생각지 않으십니까.

제야 · 김영랑

제운 밤 촛불이 찌르르 녹아 버린다
못 견디게 무거운 어느 별이 떨어지는가

어둑한 골목골목에 수심은 떴다 갈앉았다
제운 밤 이 한밤이 모질기도 하온가

희부연 종이 등불 수줍은 걸음걸이
샘물 정히 떠 붓는 안쓰러운 마음결

한해라 기리운 정을 몽고 쌓아 흰 그릇에
그대는 이 밤이라 맑으라 비사이다

경이의 세계와 서사의 변형

신부 · 서정주

신부는 초록 저고리 다홍치마로 겨우 귀밑머리만 풀리운 채 신랑하고 첫날밤을 아직 앉아 있었는데, 신랑이 그만 오줌이 급해져서 냉큼 일어나 달려가는 바람에 옷자락이 문 돌쩌귀에 걸렸습니다. 그것을 신랑은 생각이 또 급해서 제 신부가 음탕해서 그 새를 못 참아서 뒤에서 손으로 잡아당기는 거라고, 그렇게만 알고 뒤도 안 돌아보고 나가 버렸습니다. 문 돌쩌귀에 걸린 옷자락이 찢어진 채로 오줌 누곤 못 쓰겠다며 달아나 버렸습니다.

그러고 나서 40년인가 50년이 지나간 뒤에 뜻밖에 딴 볼일이 생겨 이 신부네 집 옆을 지나가다가 그래도 잠시 궁금해서 신부방 문을 열고 들여다보니 신부는 귀밑머리만 풀린 첫날밤 모양 그대로 초록 저고리 다홍치마로 아직도 고스란히 앉아 있었습니다. 안쓰러운 생각이 들어 그 어깨를 가서 어루만지니 그때서야 매운 재가 되어 폭삭 내려앉아 버렸습니다. 초록 재와 다홍 재로 내려앉아 버렸습니다.

접동새 · 김소월

접동
접동
아우래비 접동

진두강 가람 가에 살던 누나는
진두강 앞 마을에
와서 웁니다.

옛날, 우리나라
먼 뒤쪽의
진두강 가람 가에 살던 누나는
의붓어미 시샘에 죽었습니다.

누나라고 불러 보랴
오오 불설워
시샘에 몸이 죽은 우리 누나는
죽어서 접동새가 되었습니다.

아홉이나 남아 되는 오랍 동생을
죽어서도 못 잊어 차마 못 잊어
야삼경夜三更 남 다 자는 밤이 깊으면

이산 저산 옮아가며 슬피 웁니다.

견우의 노래 • 서정주

우리들의 사랑을 위하여서는
이별이, 이별이 있어야 하네.

높았다, 낮았다, 출렁이는 물살과
물살 몰아갔다 오는 바람만이 있어야 하네.

오—우리들의 그리움을 위하여서는
푸른 은하 물이 있어야 하네.

돌아서는 갈 수 없는 오롯한 이 자리에
불타는 홀몸만이 있어야 하네!

직녀여, 여기 번쩍이는 모래밭에
돋아나는 풀싹을 나는 세이고……

허이언 허이언 구름 속에서
그대는 베틀에 북을 놀리게.

눈썹 같은 반달이 중천에 걸리는
칠월 칠석이 돌아오기까지는,

검은 암소를 나는 먹이고
직녀여, 그대는 비단을 짜세.

간 · 윤동주

바닷가 햇빛 바른 바위 위에
습한 간을 펴서 말리우자.

코카서스 산중에서 도망해 온 토끼처럼
둘러리를 빙빙 돌며 간을 지키자.

내가 오래 기르던 여윈 독수리야!
와서 뜯어 먹어라, 시름없이

너는 살찌고
나는 여위어야지, 그러나

거북이야!
다시는 용궁의 유혹에 안 떨어진다.

프로메테우스, 불쌍한 프로메테우스
불 도적한 죄로 목에 맷돌을 달고
끝없이 침전하는 프로메테우스.

청개구리 • 백기만

청개구리는 장마 때에 운다. 차디찬 비 맞은 나뭇잎에서 하늘을 원망하듯 치어다보며 목이 터지도록 운다.

청개구리는 불효한 자식이었다. 어미의 말을 한 번도 들은 적이 없었다.

어미 청개구리가 "오늘은 산에 가서 놀아라!" 하면 그는 물에 가서 놀았고, 또 "물에 가서 놀아라!" 하면 그는 기어이 산으로만 갔었느니라.

알뜰하게 애태우던 어미 청개구리가 이 세상을 다 살고 떠나려고 할 때, 그의 시체를 산에다 묻어 주기를 바랬다. 그리하여 모로만 가는 자식의 머리를 만지며 "내가 죽거든 강가에 묻어 다고!" 하였다.

청개구리는 어미의 죽음을 보았을 때 비로소 천지가 아득하였다. 그제서야 어미의 생전에 한 번도 순종하지 않았던 것이

빠아프게 뉘우쳐졌다.

청개구리는 조그만 가슴에 슬픔을 안고, 어미의 마지막 부탁을 좇아 물 맑은 강가에 시체를 묻고, 무덤 위에 쓰러져 발버둥치며 통곡하였다.

그 후로 장맛비가 올 때마다 어미의 무덤을 생각하였다. 시뻘건 황톳물이 넘어 원수의 황톳물이 넘어 어미의 시체를 띄워갈까 염려이다.

그러므로 청개구리는 장마 때에 운다. 어미의 무덤을 생각하고는 먹을 줄도 모르고 자지도 않고 슬프게 목 놓아 운다.

딸 삼 형제 • 김동환

옛적에 이 정승이 딸 삼형제 뒀지.
그렇지 그렇지 그렇고말고.

맏딸은 예쁜데 후원서 글 읽지.
그렇지 그렇지 그렇고말고.

둘째 딸은 얌전한데 사랑서 명주 짜지.

그렇지 그렇지 그렇고말고.

셋째 딸은 어진데 나무신 신고 물 긷지.
그렇지 그렇지 그렇고말고.

그러다가 딸 셋이 모두 죽었지.
그렇지 그렇지 모두 죽고말고.

그래서 맏딸은 초롱꽃 되고
둘째 딸 셋째 딸은 쌍나비 되어 초롱꽃 찾아간다지.
그렇지 그렇지 그렇고말고.

직녀에게 • 문병란

이별이 너무 길다.
슬픔이 너무 길다.
선 채로 기다리기엔 은하수가 너무 길다.
단 하나 오작교마저 끊어져 버린
지금은 가슴과 가슴으로 노둣돌을 놓아
면도날 위라도 딛고 건너가 만나야 할 우리,
선 채로 기다리기엔 세월이 너무 길다.
그대 몇 번이고 감고 푼 실올

밤마다 그리움 수놓아 짠 베 다시 풀어야 했는가.
내가 먹인 암소는 몇 번이고 새끼를 쳤는데
그대 짠 베는 몇 필이나 쌓였는가?
이별이 너무 길다.
슬픔이 너무 길다.
사방이 막혀 버린 죽음의 땅에 서서
그대 손짓하는 연인아
유방도 빼앗기고 처녀막도 빼앗기고
마지막 머리털까지 빼앗길지라도
우리는 다시 만나야 한다.
우리들은 은하수를 건너야 한다.
오작교가 없어도 노둣돌이 없어도
가슴을 딛고 건너가 다시 만나야 할 우리,
칼날 위라도 딛고 건너가 만나야 할 우리,
말라붙은 은하수 눈물로 녹이고
가슴과 가슴을 노둣돌 놓아
슬픔은 슬픔은 끝나야 한다, 연인아.

욕망의 표출과 불안의 표현

청천靑天의 유방 • 이장희

어머니 어머니라고
어린 마음으로 가만히 부르고 싶은
푸른 하늘에
따스한 봄이 흐르고
또 흰 별을 놓으며
불룩한 유방이 달려 있어
이슬 맺힌 포도송이보다 더 아름다워라
탐스러운 유방을 볼지어다
아아 유방으로서 달콤한 젖이 방울지려 하누나
이때야말로 애구哀求의 정이 눈물겨웁고
주린 식욕이 입을 벌리도다
이 무심한 식욕
이 복스러운 유방……
쓸쓸한 심령이여 쏜살같이 날을지어다
푸른 하늘에 날을지어다

오감도 시 제1호 • 이상

13인의 아해가 도로로 질주하오.
(길은 막다른 골목이 적당하오.)

제1의 아해가 무섭다고 그리오.
제2의 아해가 무섭다고 그리오.
제3의 아해가 무섭다고 그리오.
제4의 아해가 무섭다고 그리오.
제5의 아해가 무섭다고 그리오.
제6의 아해가 무섭다고 그리오.
제7의 아해가 무섭다고 그리오.
제8의 아해가 무섭다고 그리오.
제9의 아해가 무섭다고 그리오.
제10의 아해가 무섭다고 그리오.

제11의 아해가 무섭다고 그리오.
제12의 아해가 무섭다고 그리오.
제13의 아해가 무섭다고 그리오.
13인의 아해는 무서운 아해와 무서워하는 아해와 그렇게 뿐이 모였소.
(다른 사정은 없는 것이 차라리 나았소.)

그 중에 1인의 아해가 무서운 아해라도 좋소.
그 중에 2인의 아해가 무서운 아해라도 좋소.
그 중에 2인의 아해가 무서워하는 아해라도 좋소.
그 중에 1인의 아해가 무서워하는 아해라도 좋소.

(길은 뚫린 골목이라도 적당하오.)
13인의 아해가 도로로 질주하지 아니하여도 좋소.

고양이의 꿈 • 이장희

시내 위에 돌다리
다리 아래 버드나무
봄 안개 어리인 시냇가에 푸른 고양이
곱다랗게 단장하고 빗겨 있소 울고 있소.
기름진 꼬리를 쳐들고
밝은 애달픈 노래를 부르지요.
푸른 고양이는 물오른 버드나무에 스르르 올라가
버들가지를 안고 버들가지를 흔들며
또 목 놓아 웁니다. 노래를 부릅니다.

멀리서 검은 그림자가 움직이고
칼날이 은같이 번쩍이더니

푸른 고양이도 볼 수 없고
꽃다운 소리도 들을 수 없고
그저 쓸쓸한 모래 위에 선혈이 흘러 있소.

오감도 시 제15호 • 이상

1

나는 거울 없는 실내에 있다. 거울 속의 나는 역시 외출 중이다. 나는 지금 거울 속의 나를 무서워하며 떨고 있다. 거울 속의 나는 어디 가서 나를 어떻게 하려는 음모를 하는 중일까.

2

죄를 품고 식은 침상에서 잤다. 확실한 내 꿈에 나는 결석하였고 의족을 담은 군용 장화가 내 꿈의 백지를 더럽혀 놓았다.

3

나는 거울 속에 있는 실내로 몰래 들어간다. 나를 거울에서 해방하려고. 그러나 거울 속의 나는 침울한 얼굴로 동시에 꼭 들어온다. 거울 속의 나는 내게 미안한 뜻을 전한다. 내가 그 때문에 영어囹圄되어 있드키 그도 나 때문에 영어되어 떨고 있다.

4

내가 결석한 나의 꿈. 내 위조가 등장하지 않는 내 거울. 무능이라도 좋은 나의 고독의 갈망자다. 나는 드디어 거울 속의 나에게 자살을 권유하기로 결심하였다. 나는 그에게 시야도 없는 들창을 가리키었다. 그 들창은 자살만을 위한 들창이다. 그러나 내가 자살하지 아니하면 그가 자살할 수 없음을 그는 내게 가르친다. 거울 속의 나는 불사조에 가깝다.

5

내 왼편 가슴 심장의 위치를 방탄 금속으로 엄폐하고 나는 거울 속의 내 왼편 가슴을 겨누어 권총을 발사하였다. 탄환은 그의 왼편 가슴을 관통하였으나 그의 심장은 바른편에 있다.

6

모형 심장에서 붉은 잉크가 엎질러졌다. 내가 지각한 내 꿈에서 나는 극형을 받았다. 내 꿈을 지배하는 자는 내가 아니다. 악수할 수조차 없는 두 사람을 봉쇄한 거대한 죄가 있다.

거울 • 이상

거울 속에는 소리가 없소
저렇게까지 조용한 세상은 참 없을 것이오

거울 속에도 내게 귀가 있소
내 말을 못 알아듣는 딱한 귀가 두 개나 있소

거울 속의 나는 왼손잡이오
내 악수를 받을 줄 모르는 — 악수를 모르는 왼손잡이오

거울 때문에 나는 거울 속의 나를 만져 보지를 못하는구료마는
거울이 아니었던들 내가 어찌 거울 속의 나를 만나 보기만이라도 했겠소

나는 지금 거울을 안 가졌소마는 거울 속에는 늘 거울 속의 내가 있소
잘은 모르지만 외로된 사업에 골몰할게요

거울 속의 나는 참 나와는 반대요마는
또 꽤 닮았소
나는 거울 속의 나를 근심하고 진찰할 수 없으니 퍽 섭섭하오

또 다른 고향 • 윤동주

고향에 돌아온 날 밤에
내 백골이 따라와 한 방에 누웠다.

어둔 밤은 우주로 통하고
하늘에선가 소리처럼 바람이 불어온다.

어둠 속에 곱게 풍화 작용하는
백골을 들여다보며,
눈물짓는 것이 내가 우는 것이냐?
백골이 우는 것이냐?
아름다운 혼이 우는 것이냐?

지조 높은 개는
밤을 새워 어둠을 짖는다.
어둠을 짖는 개는
나를 쫓는 것일 게다.

가자 가자
쫓기우는 사람처럼 가자.
백골 몰래
아름다운 또 다른 고향으로 가자.

전복의 기획과 위반의 기도

사死의 예찬 • 박종화

보라!
때 아니라. 지금은 그 때 아니라.
그러나 보라!
살과 혼
화려한 오색의 빛으로 얽어서 짜 놓은
훈향내 높은
환상의 꿈터를 넘어서.

검은 옷을 해골 위에 걸고
말없이 주톳빛 흙을 밟는 무리를 보라.
이곳에 생명이 있나니
이곳에 참이 있나니
장엄한 칠흑의 하늘, 경건한 주토朱土의 거리
해골! 무언!
번쩍이는 진리는 이곳에 있지 아니하랴.
아, 그렇다 영겁 위에.

젊은 사람의 무리야!

모든 새로운 살림을
이 세상 위에 세우려는 사람의 무리야!
부르짖어라, 그대들의
얇으나 강한 성대가
찢어져 해이解弛될 때까지 부르짖어라.
격분에 뛰는 빨간 염통이 터져
아름다운 피를 뿜고 넘어질 때까지
힘껏 성내어 보아라.
그러나 얻을 수 없나니,
그것은 흐트러진 만화경萬華鏡 조각
아지 못할 한때의 꿈자리이다.

마른 나뭇가지에
곱게 물들인 종이로 꽃을 만들어
가지마다 걸고
봄이라 노래하고 춤추며 웃으나
바람 부는 그 밤이 다시 오면은
눈물 나는 그 날이 다시 오면은
허무한 그 밤의 시름 또 어찌하랴?
얻을 수 없나니, 참을 수 없나니
분 먹인 얇다란 종이 하나로.

온갖 추예醜穢를 가리운 이 시절에

진리의 빛을 볼 수 없나니
아, 돌아가자.
살과 혼
훈향내 높은 환상의 꿈터를 넘어서
거룩한 해골의 무리
말없이 걷는
칠흑의 하늘 주토의 거리로 돌아가자.

유령의 나라 • 박영희

꿈은 유령의 춤추는 마당
현실은 사람의 괴로움 불붙이는
시뻘건 철공장

눈물은 불에 단
괴로움의 찌꺼기
사랑은 꿈속으로 부르는 여신!

아! 괴로움에 타는
두 사람 가슴에
꿈의 터를 만들어 놓고

유령과 같이 춤을 추면서
타오르는 사랑은
차디찬 유령과 같도다.

현실의 사람 사람은
유령을 두려워 떠나서 가나
사랑을 가진 우리에게는
꽃과 같이 아름답도다.

아! 그대여!
그대의 흰 손과 팔을
너 어둔 나라로 내밀어 주시오!

내가 가리라, 내가 가리라.
그대의 흰 팔을 조심해 밟으면서!
유령의 나라로, 꿈의 나라로
나는 가리라! 아 그대의 탈을―

늙은 창녀의 노래 2 • 김언희

나를 입고
나를 신고

나를 걸타고
한 입 또 한 입 나를
베어무는 당신
피 빨고 노래 빨고
질경질경 씹어 재떨이에
내뱉는 당신
온몸에 남은 푸른 이빨자국들을
사랑할께요 시퍼렇게
사랑할께요 가지 말아요
버리지 말아요 나의
기둥서방 당신
붙잡을 바짓가랭이도 없는 당신
입에서 항문으로
당신의 음경에
꼬치 꿰인 채
뜨거운 전기오븐 속을
빙글빙글빙글
영겁회귀
돌고 돌께요 간도
쓸개도 없이

아버지의 자장가 • 김언희

이리온 내 딸아
네 두 눈이 어여쁘구나
먹음직스럽구나
요리 중엔
어린 양의 눈알요리가 일품이라더구나

잘 먹었다 착한 딸아
후벼 먹힌 눈구멍엔 금작화를
심어보고 싶구나 피고름이 질컥여
물 줄 필요 없으니, 거
좋잖니……

어디 보자, 꽃핀 딸아
콧구멍 귓구멍 숨구멍에도 꽃을
꽂아주마 아기작 아기작 걸어다니는
살아 있는 꽃다발
사랑스럽구나

이리 온, 내 딸아
아버지의 바다로 가자
일렁거리는 저 거대한 물침대에

너를 눕혀주마
아비지의 바다에, 널
잠재워주마

거울 · 조말선

아버지가 모종컵 속에 나를 심는다 아가야, 어서어서 피어라 너를 팔아 새 눈알을 사야지 그때서야 내 너를 볼 수 있지 나는 빛나는 아버지를 쥔다 일렬로 줄을 선 모종컵 속으로 골고루 아버지가 비친다 아버지는 사흘만에 핀 떡잎을 보고 주문을 왼다 너를 팔아 새 다리를 사야지 그때서야 내 너를 업어주지 아가야, 어서어서 피어라 아버지의 얼굴에 무수한 길이 난다 아버지, 나는 어디서 나를 사나요 분무기에서 수천의 아버지가 쏟아진다 몰라, 몰라 이 길을 다 지워야겠어 내가 온 길을 되돌아가야겠어 나는 찢어지는 아버지를 받아 마신다 나는 쑥쑥 찢어진다 아버지가 환해진다
모종컵 속에서 아버지의 사지가 하나씩 피어난다

화분들 · 조말선

빨간 입은 분노였네 노란 입은 빈혈이었네 파란 잎은 두려움

이었네 분노를 빈혈을 피워야 하는 파란 잎은 세차게 멍들었네 아버지가 비닐하우스로 들어오셨네 이런, 신발이 작구나 얘야 걱정스런 아버지는 신발을 벗기고 내 발가락을 잘랐네 발가락이 잘릴 때마다 나는 열매를 맺었네 나는 미혼모였네 아버지는 매일매일 미혼모를 재배했네 아버지 제발 제 신발을 돌려주세요 한번도 신지 못한 새 신발들이 쓰레기통에 버려졌네 빨간 입은 분노였네 노란 입은 빈혈이었네 파란 잎은 두려움이었네 분노를 빈혈을 말해놓고 파란 잎은 시들어갔네 아버지가 비닐하우스로 들어오셨네 이런, 모자가 작구나 얘야 자상한 아버지는 모자를 벗기고 내 목을 잘랐네

언어의 유희와 의미의 소실

서풍부西風賦 • 서정주

서녘에서 불어오는 바람 속에는
오갈피 상나무와
개가죽 방구와
나의 여자의 열두 발 상무상무

노루야 암노루야 홰냥노루야
늬발톱에 상채기가
퉁수 소리와

서서 우는 눈먼 사람
자는 관세음.

서녘에서 불어오는 바람 속에는
한바다의 정신병과
징역 시간과

해파리 • 김춘수

바다 밑에는
달도 없고 별도 없더라.
바다 밑에는
항문과 질과
그런 것들의 새끼들과
하나님이 한 분만 계시더라.
바다 밑에서도 해가 지고
해가 져도, 너무 어두워서
밤은 오지 않더라.
하나님은 이미
눈도 없어지고 코도 없어졌더라.
흔적도 없더라.

Episode • 조향

열 오른 눈초리, 하잔한 입 모습으로 소년은 가만히 총을 겨누었다.

소녀의 손바닥이 나비처럼 총 끝에 와서 사뿐히 앉는다.

이윽고 총 끝에선 파아란 연기가 몰씬 올랐다.

뚫린 손바닥의 구멍으로 소녀는 바다를 내다보았다.

—아이! 어쩜 바다가 이렇게 똥그랗니?

놀란 갈매기들은 황토 산태바기에다 연달아 머릴 처박곤 하얗게 화석이 되어 갔다.

케익 • 이수명

커다란 케익을 놓고
우리 모두 빙 둘러앉았다
누군가 폭탄으로 된 초를 꽂았다.
케익이 폭발했다.
우리는 아름다운 노래를 불렀다.
그리고
뿌연 먼지 기둥으로 피어오르는 폭발물을
잘라서 먹었다.

연구

낭만성과 환상성의 교차 이장희론

1. 이장희론의 전제와 맥락

이장희 시 전체를 낭만성과 환상성의 관점에서 동적 체계로 구성하고, 그 속성과 원리를 해명코자 한다. 지금까지 그에 대한 통념에서는 감각성이 요체가 되어 왔다. 시사적으로 이장희의 시는 1920년대의 감상적 낭만주의를 1930년대의 감각적 모더니즘으로 전환시키는 데 결정적 역할을 한 것으로 평가된다. 비평에서는 주로 '감각시'와 '순수시'와 '기교시', 평전 및 회고에서는 '감각'과 '순수'와 '기교'가 주된 술어로 쓰인다. 시사는 양자를 혼용한다.[1]

1 비평류: 김재홍, 〈고월의 시세계—폐쇄적 자아 또는 감각주의〉, 김재홍 편, 《이장희—시전집 · 평전 · 논집 · 연구자료》(문학세계사, 1993), 121쪽; 김인환, 〈주관의 명징성—이장희론〉, 《문학사상》, 10, 1973.7(《이장희》, 267쪽); 김인환, 〈비유의 힘—이장희〉, 《다른 미래를 위하여》(문학과지성사, 2003), 287쪽; 김윤식, 〈네 가지 죽음의 형태—나빈 · 고월 · 소월 · 이상〉, 《근대시와 인식》(시와시학사, 1991), 374쪽.

김학동이 정리해 놓은바 1930년대에서 1960년대까지의 비평적 언급에서 핵심이 되는 개념은 '감각'과 '모더니즘'으로, 이들은 공히 1920년대 시단의 감상적이고 퇴폐적인 풍조에 대립한다.[2] 이후에도 통상적 논의의 방향은 크게 달라지지 않아 감각적 모더니즘의 선구로서의 면모가 이장희 시 규정의 중핵을 이뤄 왔다.[3]

평전 및 회고류: 백기만, 〈상화와 고월의 회상—고월 이장희 편〉, 백기만 편, 《상화와 고월》(청구출판사, 1951), 122쪽, 김재홍, 〈고월 이장희 평전〉, 《이장희》, 67쪽; 양주동, 〈낙월애상—이장희군을 곡함〉, 《조선일보》, 1929.11.17-24(《이장희》, 136쪽); 오상순, 〈고월 이장희군—자결칠주기를 제하여〉, 《동아일보》, 1935.12.3-11(《이장희》, 155쪽).

시사류: 김용직, 〈시전문집단, 금성파의 등장〉, 《한국근대시사》, 상권(학연사, 1994), 299쪽; 홍정선, 〈고월 시에 있어서 화자와 정서〉, 김학동 외, 《한국현대시사연구》(일지사, 1983), 187쪽 참조.

* 김재홍이 편한 《이장희—시전집 · 평전 · 논집 · 연구자료》에 상당수의 연구 자료가 취합돼 있다. 편의상 여기서 취한 자료는 처음 언급할 때 원전 표시에 이어 괄호 안에 해당 면수를 밝혔다.

2 김학동, 〈사계의 감각과 그 회화성〉, 《한국근대시인연구 (1)》(일조각, 1974) 참조(《이장희》, 188-194쪽).

3 "시대적 무드에만 젖지 않고 감각(시각)시의 새로운 시사를 수립한 거장으로서 1930년대에 한국 모더니즘시의 밑거름이 된 종요로운 교량이다"〔권도현, 〈이장희론—생애와 뮤우즈의 재고〉, 《현대문학》, 263, 1976.11(《이장희》, 239쪽)〕, "소월과 만해와 상화를 거쳐 영랑과 지용과 기림과 김광균으로 넘어가는 사이에 주목하지 않을 수 없는 시인이다"(김인환, 〈주관의 명징성〉, 275쪽), "감각적인 인상을 위주로한 고월의 이런 경향이 30년대에 이르러 지용과 기림에 의해 완전히 개화된 듯 싶다"(오탁번, 〈고월시의 양면〉, 《어문논집》, 14-15합집, 1973.7., 607쪽) 같은 1970년대에 나온 평가는 "1920년대의 심정적인 관념시를 1930년대의 모더니즘의 감각시로 연계시키는 데 한 모멘트를 제시한 시인"(김재홍, 〈고월의 시세계〉, 94쪽)이라는 1990년대의 규

이 같은 일반적인 기술이 이장희 시의 특징적 일면을 명쾌하게 지적하고 있는 것은 틀림없는 사실이나 이를 시세계 전반을 고찰해 얻은 결과로 인정하거나 시의식의 전모를 구명키 위한 전제로 채택하기는 어려울 듯하다. 그의 시의 의의에 대한 논의에서와 마찬가지로 그 한계에 대한 지적 역시 감각성에 초점이 맞추어져 있다. 감각성은 가치의 원천인 동시에 한계의 소재이기도 하다. 이장희는 시를 철저하게 감각적인 데 국한시킴으로서 객관적인 사태와 성과로서 성공한 작품을 만들 수 있었다.[4]

하지만 그 감각성이란 사실 그렇게 새로운 것이 아닐뿐더러 너무 편협한 입장에서 소재를 선택한 까닭에 지극히 평면적이고 단편적이어서 단조롭다는 지적이 또한 존재한다.[5] 이와 관련된 기존 논의를 종합컨대 '감각성'이란 주제 내용적 차원과는 구별되는 표현 형식적 측면의 특징으로, 비유 조성 및 묘사 구성과 시어 선택의 방식을 적시하는 용어로 제한해 쓰는 것이 바람직할 것 같다.[6]

정과 별 차이가 없다.

4 김인환, 〈주관의 명징성〉, 267-269쪽 참조.

5 홍정선, 〈고월 시에 있어서 화자와 정서〉, 191쪽; 김용직, 〈시전문집단, 금성파의 등장〉, 303쪽; 김재홍, 〈고월의 시세계〉, 118쪽; 김학동, 〈사계의 감각과 그 회화성〉, 236쪽에 제기된 비판을 요약했다.

6 김인환, 〈비유의 힘〉, 282-286쪽; 김재홍, 〈고월의 시세계〉, 114-115쪽; 김학동, 〈사계의 감각과 그 회화성〉, 214-222쪽에 이런 관점에서 살필 만한 작품 분석이 제시돼 있다.

그럴 경우 그의 시의 전폭을 검토하기 위해 설정할 수 있는 정향은 감각성과 변별되는 개념을 구상해 적용하는 것으로, 낭만성을 감각성에 대비되는 술어로 채택하는 것이 일반적이다. 기존 논의에서 낭만성에 대한 언급의 요체를 이루는 것은 작품의 정조에 대한 지적이다. 1920년대 초기시의 주류를 이뤘던 감상적 낭만주의의 분위기에 지배당했다는 평가는 낭만주의의 연장선상에 있는 동인의 일원이었으나 당대의 경향과는 판이한 모습을 보였다는 주장에 반립하면서, 이장희 시를 상호 대립하는 낭만성과 감각성의 축 위에 정립한다.[7]

이 양자를 중심축으로 간주하는 견해는 다양한 수준에서 확인할 수 있는바 둘 중 어느 한 쪽에 치중하는 논의가 서로 대립하고, 한 편의 평문 안에서 양자에 대한 지적이 순차로 이뤄지기도 한다.[8] 단적으로 한 문단이나 한 문장 내에서 양자의 대립성이 시사되는 경우도 있다.[9] 이장희 시에서 낭만성이 감각성

7 "그도 역시 1920년대의 센티멘탈과 환상의 무드에 여지없이 포박당한 시인"(권도현, 〈이장희론〉, 262쪽)이라든지 "그도 역시 1920년대를 풍미한 감상과 환영, 퇴폐와 허무의 무드에 여지없이 결박당한 시인"(김재홍, 〈고월의 시세계〉, 93쪽)이라는 규정과 "그도 동인지로 논할 때는《금성》동인의 한 사람이나 당대의 일반적 시 경향과는 아주 달랐다"〔제해만, 〈고월시 연구〉, 제해만 편, 《이장희 전집—봄과 고양이》(문장사, 1982), 108쪽〕는 주장이 서로 대립한다.

8 양주동의 〈낙월애상〉과 오상순의 〈고월 이장희군〉은 감각성을 부각하고, 김영진의 〈시인 이장희군을 추억하여〉(《중외일보》, 1929.11.12-14)와 〈고월 이장희의 추억〉(《여성》, 제4권 제7호, 1939.7)은 낭만성을 강조한다. 김재홍은 〈고월의 시세계〉에서 양자를 순차로 논했다.

9 "물론 고월의 시도 이 같은 그 때의 무드를 분연히 박차지 못했으나, 놀

만큼이나 중요한 요소임은 분명해 보인다.

지금까지 연구사에서 낭만성에 대한 탐구는 두 가지 관점에서 행해졌다. 먼저 화자의 정서나 작품의 분위기에 초점을 맞춰 정조적 특성을 도출하는 연구가 이뤄졌다. 여기서 핵심을 이루는 개념은 고독, 정적, 우울, 우수, 염세, 염인, 환멸, 페시미즘 등으로,[10] 이들은 흔히 1920년대 초기시의 감상적 낭만주의의 성격을 가리킬 때 쓰이는 용어다.

다음으로 시의 내용과 시인의 생애를 일원적으로 연결하는 작업이 행해졌다. 이는 시를 시인의 자기표현이나 자기 고백으로 읽는 것으로, 이장희 시를 낭만적으로 규정하려는 기획을 이보다 더 잘 보여 주는 독해 방식은 없다.[11] 한 시인이 삶을 시화해 삶이 곧 시가 됐다는 서술은 평전이나 회고에서는 가능한 것이지만 이장희의 경우 삶과 시의 상관관계가 분리할 수 없을 정도로 긴밀하다는 견해는 비평에서까지 무리 없이 받아들여

랄 만큼 정돈된 시상을 다듬어 놓아 보는 이의 감각의 선을 뚜렷이 부각시켰다"(권도현, 〈이장희론〉, 258쪽)라든가 "그럼에도 불구하고 고월의 시에 있어서 몇몇 편은 그의 예리한 통찰력과 직관, 감각적 형상 능력에 의하여 한국시사에 순수 · 감각시의 새로운 가능성을 암시하는 한 계기를 마련했다"(김재홍, 〈고월의 시세계〉, 93-94쪽)는 서술이 이에 해당한다.

10 권도현, 〈이장희론〉, 263쪽; 김학동, 〈사계의 감각과 그 회화성〉, 226쪽; 김재홍, 〈고월의 시세계〉, 104쪽에 나온 용어를 정리했다.

11 "대개 생활과 예술이 이처럼 하나로 결합되기는 드문 일"(양주동, 〈낙월애상〉, 135쪽)로 "그의 생활과 그의 작품이 완전히 서로 합치되었다"〔김영진, 〈시인 이장희군을 추억하여〉(《이장희》, 147쪽)〕는 관점으로, "그의 죽음은 무엇이냐? 그것은 곧 그의 최후의 시이었다. 그 최대의 걸작이었다"(김영진, 〈시인 이장희군을 추억하여〉, 148쪽)는 주장으로까지 나아간다.

진다.[12] 이런 시각은 그야말로 낭만적이다. 낭만주의가 문학을 자기 관찰과 자기 고백으로 간주해 삶을 낭만적으로 묘사하려 할 뿐만 아니라 삶을 예술에 적응시키고자 했음은 주지의 사실이다.[13] 낭만주의를 삶의 목표 또는 프로그램으로 만들려는 소위 '낭만화'라는 처방은 우리의 경우 1920년대 초기시를 특징짓는 요소다.[14]

이로써 낭만성의 존재가 확인되기는 했지만, 그간의 연구에서 그 내용이 제대로 해명된 것은 아니다. 낭만성에 관한 한 기존 논의가 지닌 한계는 대략 두 유형으로 나눠진다. 먼저 낭만성이 시세계 해명에 결정적인 단서임이 지적되기만 했지 작품 내적 의미와 속성에 대한 내재적 분석은 정치하게 수행되지 못했다는 점이 문제다.

그동안 이에 대한 논의는 화자의 정서에 해당하는 지나치게 포괄적인 개념에 의존해 연역적으로 진행됨으로써 의미의 진폭과 정념의 심도가 정확하게 분석되지 못한 감이 있다. 나아

---

12 "씨의 생애는 곧 시의 생애였습니다." "마침내 그 시를 끝까지 시로 살려두지 못하고, 그 자신의 생애를 왼통 한 편의 시화를 시키고야 말았습니다"(김영진, 〈고월 이장희의 추억〉, 42쪽). 비평의 경우 "고월에게 있어서 그의 생애는 그의 시와 분리할 수 없이 긴밀한 상관관계를 형성하고 있다" 같은 서술이 대표적이다(김재홍, 〈고월의 시세계〉, 94쪽).

13 아르놀트 하우저, 《문학과 예술의 사회사 3—로꼬꼬 · 고전주의 · 낭만주의》, 개정판, 염무웅 · 반성완 옮김(창작과비평사, 1999), 100, 228, 230쪽 참조.

14 김흥규, 〈1920년대 초기시의 역사적 성격〉, 《문학과 역사적 인간》(창작과비평사, 1980), 250-254쪽 참조.

가 이장희 시에서 추출되는 낭만성은 1920년대 초기시의 낭만적 성향과 연결 또는 중첩되는 면이 있는 만큼 양자 사이의 공통점과 차이점을 구명할 필요가 있는데, 이 또한 지금까지는 감각적 독창성에 대한 집중적 관심으로 인해 적절한 조명이 이뤄지지 못했다.

다음으로 생애와 작품을 상동 관계로 파악하는 낭만적 시각이 상당 부분 사실과 어긋나 작품 세계의 전모 및 개별 작품의 의미를 이해하는 데 적잖은 장애로 작용하기도 한다는 점을 들 수 있다. 이런 양상이 드러나는 논의에서는 무엇보다 자살이라는 불행한 전기적 사실이 시적 표현을 삶의 양상으로 환원하는 작업의 동인이 되고 있는 것으로 보인다. 시인의 삶의 결말을 중요한 피설명항으로 설정하는 평자가 적지 않은데, 거기서는 작품 전반이 자살의 이유를 규명키 위한 단서라는 점에서 전기적 사실과 등가로 취급된다.[15] 개별 작품 분석에서도 그 내용을 삶의 특정 계기를 직접적으로 반영하거나 표시한 것으로 간주하는 일이 적지 않다.[16]

---

15 "그러면 시인은 왜 그 생을 부정하였느냐? 그러면 시인은 왜 자살이라는 커다란 죄악을 저질렀느냐? 이것이야말로 이 시인이 우리들에게 던져 주고 간 한 커다란 수수께끼이다"(김영진, 〈시인 이장희군을 추억하여〉, 141-142쪽)라든가 "대관절 우리 고월은 왜 죽었을까 왜 자살하였을까, 어째서 자살하지 않으면 안 되었을까 그 자결의 원인과 동기와 이유와 목적은 무엇일까"(오상순, 〈고월과 고양이〉, 백기만 편, 《상화와 고월》, 190쪽) 같은 물음이 작품 이해의 전제로 상정되는 것이다. 김윤식은 〈네 가지 죽음의 형태〉에서 오상순의 질문을 논의의 단서로 삼았다.

16 〈연〉 해석이 대표적이다. "내가 그 시를 읽고 너무나 소름이 끼치기

삶의 행로와 죽음의 방식이 특이했던 만큼 전기적 사실을 시 분석에 유용한 참고 자료로 원용할 수는 있겠지만, 전기와 작품을 일률적으로 대응시키는 방식은 선이해의 압력을 지나치게 강화해 해석의 지평을 부당하게 축소하는 결과를 초래할 수 있다. 상식적으로 판단컨대, 시적 표현이 삶의 양상에 부합한다면 생애의 경과가 시작의 변모에 비례적으로 반영될 것이다. 하지만 이장희에 있어 전기와 작품의 상관관계는 그다지 정합적이지 않다.

전 작품을 창작 연대나 발표 연대순으로 살피면, 삶의 종극에 가까워질수록 정념의 밀도나 감상의 농도가 저하되는 경향이 나타나는 것이다. 그의 시 중에서 불행한 삶의 면모를 시사하는 것으로 볼 수 있는 작품들은 주로 시작 초기에 나왔고, 뒤로 갈수록 의미의 맥락으로 보나 감정의 수준으로 보나 실제 삶의 표백 정도가 낮아진다. 시인이 죽기 전 마지막으로 발표한 세 작품 중 하나는 적막감을 차분한 어조로 술회하고 있지만 나머지 둘은 소박한 생활의 기쁨을 표현하고 있다. 이런 사정을 감안할 때 작품 해석에서 생애의 참조는 대응 관계를 문면에서

에, 그의 손을 잡고 재삼 간곡히 '든든한 삶'을 강조하고 종용했건만, 이 보잘것없는 친구의 '말'은 드디어 그에게 아무런 '구원'이 되지 못하여 그는 마침내 자기가 선택한 절대의 길을 가고 말았다"(양주동, 〈기재 이장희군의 추억〉, 《현대문학》, 97, 1963.1, 235쪽)와 같은 회고가 "〈연〉에 이르르면 고월이 죽음을 예견하고 있었다는 점과 자신의 현재적인 삶을 죽음처럼 파악했다는 사실이 더욱 명백하게 나타난다"(김재홍, 〈고월의 시세계〉, 109쪽)는 식으로 바로 연구에 도입되기도 한다.

확인할 수 있거나 문맥으로 유추할 수 있는 경우로 한정하는 것이 바람직할 것 같다.

여기에서 낭만성과 더불어 이장희 시의 주요 축으로 검토할 환상성에 대해서는 그동안 지극히 간단한 지적만이 반복해서 행해졌을 뿐 본격적인 분석이 이뤄진 적이 없다. 그럼에도 불구하고 이를 핵심 요소로 다루려는 것은 다수의 평자들이 환상성의 존재와 발현을 인정하고 있기 때문이기도 하지만, 무엇보다 그것이 주제 내용 및 시의식의 차원에서 시세계의 전모를 파악하고자 할 때 관건이 된다고 생각하기 때문이다.

이장희 시 중에는 감각성이나 낭만성의 관점에서는 해명되지 않는 난해시에 가까운 작품이 있고, 몽상적 표현이나 환각적 심상을 중추로 삼은 작품도 있다. 환상성은 이들의 의미를 해명하는 데 유용하고도 적절한 개념적 도구라 판단된다. 지금까지 환상성이 주제의 차원에서 다뤄진 것은 오탁번의 연구에서뿐인데, 거기서 이장희 시는 '전통의 시'와 '실험의 시'라 명명된 두 유형으로 분류되는바 양자의 내포는 일반적으로 사용되는 낭만성 및 감각성과 크게 다르지 않고, 환상은 후자의 하위 범주로 설정된다.

이로써 환상이 주제의 하나로 정립되기는 했지만 논의의 수준은 본격적이라 하기 힘들다. "환상적인 것, 초현실적인 어떤 것"에 해당하는 것으로 언급된 작품이 단 한 편밖에 되지 않을 뿐만 아니라 환상의 성격이나 맥락을 구체적으로 밝히고 있지 않기 때문이다.[17]

이상에서 제기한 문제의식과 기존 논의의 한계에 대한 기술에 근거해, 낭만성과 환상성을 이장희 시의 중심축으로 상정하고, 주제 내용이나 시의식의 차원에서 도출되는 낭만성의 의미와 환상성의 내용을 내재 분석을 통해 면밀히 탐구해 보고자 한다.

2. 이장희 시의 기본 구도—고독과 동경

낭만성과 환상성이 차지하는 위상과 비중을 가늠키 위해 작품 세계 전반의 기본 구도를 우선 살피도록 한다. 그의 시를 유형화할 때 가장 많은 분량을 차지하는 것은 '단형의 애상적 서정시'[18]란 개념으로 묶을 수 있는 작품들인데, 이들과 함께 시세계 전체에 걸친 의미 자질을 집약하고 있다고 판단되는 〈봄 하늘에 눈물이 돌다〉라는 작품이 기본 구도 파악에 소용된다. 이 중 앞의 작품들은 전체 작품 중에서 약 삼분의 일 정도를 차지하고 있는 것으로, 다수가 〈봄 하늘에 눈물이 돌다〉보다 늦게 지어지거나 발표됐다. 이로 볼 때 이 시는 작풍 변화의 계기를 이루는 작품이라 할 수 있을 것이다.

단형의 애상적 서정시에 표현된 시적 상황과 정조는 '시인

---

17 오탁번, 〈고월시의 양면〉, 608쪽 참조.

18 '단형'이란 시사적으로나 개별적으로나 상대적 개념이다. 시사적으로 단형화 경향은 이장희 시의 특징적 면모다(김용직, 〈시전문집단, 금성파의 등장〉, 297쪽). 여기서 '단형의 애상적 서정시'로 지칭한 작품은 이장희 시 중에서도 특히 길이가 짧은 축에 드는 것들이다.

화자'[19]의 현실적 처지와 심정을 보여 준다는 점에서 기본 구도 파악에 유용하다. 이 작품들에 내포된 정황은 이장희 시의 일반적 배경을 이루면서 시작의 동인을 시사한다. 유형화의 근거로서 이들이 공유하는 시적 상황은 대개 시간적으로 저녁이나 밤의 시각, 시각적으로는 비가 오거나 이내가 낀 풍경, 청각적으로는 빗소리, 벌레 소리, 개구리 소리, 냇물 소리 등의 음향을 배경으로 '쓸쓸함'과 '그리움'의 감정을 정조화한다.

저녁째 개고리 울더니
마츰내 밤을타서비가나리네

녀름이 와도 오히려쓸쓸한
우리집 뜰우에소리도 그윽하게 비가 나리네.

그러나 이것은 또 어인일가 어대선지

한머리 버레 소리 잇다금 들리누나.

지금은 안이우는 개고리가치

내마음 그지업시 그윽하여라 고적하여라.
—〈어느밤〉[20]

---

19 이장희 시에서 화자와 시인의 분리도가 아주 낮다는 분석이 있어 이런 용어를 썼다. 홍정선에 따르면, 이장희 시의 화자는 시인과 거의 분리되지 않으니, 이는 볼프강 카이저Wolfgang Kayser가 구분한 서정시의 자아 표현 방식 중 시인이 서정적인 말을 자기 자아의 표현으로 표시하는 양상에 해당된다(〈고월 시에 있어서 화자와 정서〉, 190-192쪽 참조).

20 작품 인용은 모두 김재홍 편, 《이장희—시전집 · 평전 · 논집 · 연구자

쓸쓸한 情緒는
카—텐을 잡아늘이며
窓넘어 비소리를 듣고있더니
불현듯 도까비의 걸음걸이로
몽롱한 雨景에 비틀거리며
뜰에핀 鮮紅의 진달래꽃을
함부로 뜯어 입에물고
다시 머—ㄴ 버드나무를 안고돌아라
—〈비오는 날〉

유사한 상황과 정서를 표현하고 있는 인용 작품에서 우선적으로 주목할 것은 감정의 항상성과 궁극성이다. 두 작품에서 공통적으로 표출되고 있는 '쓸쓸함'은 순간적인 정념이 아니다. 비가 오고 벌레 소리가 들려서 고적해지거나 빗소리를 듣고 있자니 쓸쓸해지는 것이 아니라는 것이다. 쓸쓸함은 '내 마음'의 변함없는 속성으로, 외계의 상태는 심의가 외적으로 표출되는 계기를 이룰 뿐이다.

이런 판단의 핵심적 근거는 〈어느 밤〉에 쓰인 '오히려'란 말이다. 화자는 봄에도 쓸쓸했고, 여름이 돼도 일반적인 짐작이나 기대와는 전혀 다르게 정서의 변모가 없음을 자각하고 인정한다. 그는 계절이나 경치나 일기의 변화와 상관없이 쓸쓸하다. 〈비 오는 날〉에서도 '쓸쓸한 정서'는 작품 구성과 진행의 결정

료》에 의한다.

적 동기로 모두에 전제돼 있다.

'쓸쓸하다'는 낱말은 인용 작품뿐만 이장희 시 전편에 걸쳐 가장 빈번하게 사용되는 시어로, 일반적으로 시인의 자의식이나 인생 태도를 가리키는 것으로 해석된다. 이 투사적 형용사는 시인의 염세적 심리 상태를 표시하는 것으로, 객관 세계에 대해 철저하게 수동적인 주관적 태도를 나타낸다는 것이다.[21] "쓸쓸한 삶을 이장희는 운명으로 받아들였다"[22]는 기술로 귀결되는 이러한 해석은 '영원한 고독의 화신'[23]이란 술어로 시인을 규정하는 평전류의 시각과 병행하는 것으로 그 타당성이 인정된다. 하지만 여기에는 고독에서 파생하지만 그것을 중화하는 또 다른 내심의 지향이 존재한다는 단서가 부가돼야 한다. 이장희 시의 주된 정조를 이루는 쓸쓸함에 반립하는 심의 경향은 그리움이다.

> 밤마다 울든 저버레는
> 오늘도 마루미테서 울고잇네
>
> 저녁에 빛나는 냇ㅅ물가치

21 권도현이 처음으로 이 어휘를 취합해 의미를 부여했고(〈이장희론〉, 259쪽), 이어 김인환이 자세한 해석을 가했다(〈주관의 명징성〉, 268쪽).

22 김인환, 〈비유의 힘〉, 281쪽.

23 "고독의 권화"(김영진, 〈시인 이장희군을 추억하여〉, 144쪽); "영원한 고독의 시인이었고 정적의 시인이었고 염담과 적막의 생활자"(양주동, 〈낙월애상〉, 133쪽).

버레 우는 소리는 차고도 쓸々하여라

밤마다 마루미테서 우는 버레소리에
내마음 한업이 이슬리나니
—〈버레우는소리〉

적은 짬우수룸한 귓드람이어
엇지하여 이방에 들어왓는가
람프의 불비치그리워선가
이방의 임자가 그리워선가
—〈귓드람이〉

버들 가지에 내끼이고,
물우에 나르든 제비는
어느듯 그림자를 감추엇다.

그윽히 빗나는 내ㅅ물은
가는 풀을 흔들며 흐르고잇다.
무엇인지 모르는말 중얼거리며 흐르고잇다.

누군지 다리우에 망연히 섯다,
검은 그양자 그리웁고나,
그도 날가티 이저녁을 쓸쓸히 지내는가.
—〈저녁〉

인용한 시들을 차례로 살피면 그리움의 동기와 지향이 파악된다. 쓸쓸함을 주조로 한 〈어느 밤〉과 흡사한 상황에서 동일한 심정을 표현하고 있는 〈벌레 우는 소리〉를 보면, 그리움은 쓸쓸함에서 파생되는 정서라 할 수 있다. 〈어느 밤〉에서 쓸쓸함의 강도를 나타내는 형용사는 '그지없다'인데, 〈벌레 우는 소리〉에서 그리움의 정도를 나타내는 형용사는 '한없다'이다. 수식으로만 보자면, 쓸쓸함과 그리움은 모두 극한적이고 궁극적인 정조다. 벌레 소리에 이끌리는 마음이 그리움의 발로임은 〈귀뚜라미〉에서 알 수 있다.

여기서 시인과 벌레는 심정적으로는 동격이다. 양자는 다 같이 쓸쓸해 서로에게 이끌린다. 고독한 두 존재의 심정적 상호견인이 일어나는 것이다. 시인은 귀뚜라미가 방에 들어온 이유를 묻는다. 불빛을 따르는 것은 생리적인 것이고, 사람을 따르는 것은 심리적인 것인데, 이 중 어느 한쪽이 지정돼 있지도 않고 둘이 중첩돼 있지도 않다는 것은 이 시의 설의가 우의적 자문임을 말해 준다.

〈저녁〉은 풍경이나 미물을 끌어 들인 다른 시들의 수사가 인사의 비유로 귀결됨을 보여 준다. 다리 위에 서 있는 사람이 누군지를 밝히지 않고 음영만을 제시한 것에 비춰볼 때 화자의 그리움은 특정한 것이 아니고 일반적인 것이다. 누군지도 알 수 없는 사람을 그리워하게 되는 것은 외양과 태도로 볼 때 그도 나와 같이 쓸쓸할 것이라는 추측 때문이다. 쓸쓸함이 시인 화자의 내면의 본성이자 생활의 기조라면, 그리움은 자질을 같

이 하는 동류의 사람에 대한 심정적 경도다.[24]

단형의 애상적 서정시에서 산견되는 쓸쓸함과 그리움의 정서를 시작의 동인과 시의식의 내용을 포함하는 복합적인 서술과 묘사로 정조情操화해 놓은 작품이 바로 〈봄 하늘에 눈물이 돌다〉이다.

憧憬의비들키를놉히 날녀라,
흰구름조으는하눌깁히에
마리아의빗나는가삼이잠겨잇나니.
크달은사랑을늣기는봄이되어도
봄은나를버리고겻길로돌아가다,
밝은웃음과강한빗갈이거리에찻것만
나의행복과자랑은微風에녹아사라젓도다.

사람세상을등진채오래ㅅ동안
倦怠와憂鬱과懺悔로된무거운보퉁이를둘너매고

24 이 시에 나오는 상대를 특정 인물로 한정할 수도 있을 것이다. 이장희의 '유일의 친우'로 '막역지분'이 있어 '망형지교忘刑之交'를 맺었다고 자부하는 양주동의 회고 중에 이런 게 있다: "나는 어느 쓸쓸한 밤에 다리 위에서 혼자 명상할 때에 나의 어깨를 치며 미소하던 군의 얼굴을 지금도 회상한다. 두 다감한 청년은 실로 청춘의 과정의 상호 위안자가 되었었고 고락간에 피차의 기분을 같이 맛보는 그러한 동무이었다"(〈낙월애상〉, 128쪽). 이 정도면 작품의 배경이 되는 전기적 삽화로 인정할 만하다. 하지만 특정 인물이 지정된다고 해서 시 해석의 중점이 바뀌지는 않는다. 어떤 경우에나 화자와 상대를 연결하는 유일한 동기는 쓸쓸함뿐으로, 다른 면모는 문제되지 않는다.

가상이넓은검점帽子를숙여쓰고
쌔로호젓한어둔골목을허매이다가
싸늘한돌담에긔대이며
窓틈으로흐르는피아노가락에귀를기우리고
追憶의幻想의神秘의 눈물을지우더니라.

봄날허무러진砂丘위에안저
은실가티고은먼시내를바래보다가
물올은풀입을쌔물으며
외로운慰勞삼아詩읇기도하더니만
그마저도얼슨연스뤄인저는옛꿈이되엇노라.

아아나의고달픈魂이어
일허진봄이다시오랴감은눈을쓰고
憧憬의비들키를놉히날려라.
—〈봄하눌에눈물이돌다〉

이 시는 생활에 대한 묘사, 시작에 대한 언급, 낭만성의 색인, 환상성의 암시 등 이장희 시의 전모를 파악하는 데 필요한 요소를 두루 포함하고 있다. 그런 점에서 이 시는 이장희 시 이해의 결정적 단서로 삼을 만하다. 여기에 묘사된 시인의 모습은 평전에 서술된 생활상과 일치한다. 평전은 세상으로부터 소외된 고독한 단독자의 초상을 '염세증'과 '염인증'의 결과로 기술한다.[25] 세상을 등졌다는 말을 그대로 받아들이면, 시인의 소외

25 양주동, 〈낙월애상〉, 131쪽; 오상순, 〈고월 이장희군〉, 159쪽; 백기만,

는 자발적이라 하겠고, 이 자발적 소외가 바로 그의 시에 편재하는 쓸쓸함의 정서와 고독의 정조의 현실적 근원이 될 것이다.

시인이 세인에 대해 '가장 많이 사용한 술어'로 '속물'이 있고, 세상 사람을 싫어해 이 말로 자신을 제외한 다른 모든 사람을 지칭했다는 회고는 도피적 소외로 인한 고독의 자발성과 극단성을 강조한다.[26] 논리적으로 추론컨대, 사회 속에서 생활하는 개인이 소외와 고독을 삶의 지표나 이상으로 택했을 때 취하게 되는 행동 방식은 의사소통의 한정과 교제의 제한으로 귀결될 것이다.

그리고 이런 원칙은 구체적으로는 문자 언어와 글쓰기에 대한 집착, 상상과 환상에의 몰입, 자연 관조에의 경도, 타인에 대한 경멸 등의 행위를 수반하게 될 것이다.[27] 인생 태도와 생활 모습을 묘사하고 있는 작품의 구절과 평전의 지적을 종합해 볼 때

〈상화와 고월의 회상〉, 120쪽; 김재홍, 〈고월 이장희 평전〉, 78쪽; 권도현, 〈이장희론〉, 246쪽. 구체적으로 이 시에 나오는 시인의 모습은 백기만의 다음과 같은 회고에 통한다: "옆에서 한 사람이 '그래, 그 자식이 하기방학이라고 경도에서 왔다는데 몇 번 보아도 서껄 밑〔처마 밑〕으로만 다니어. 그리고 고 모양에 유학생이랍시고 옆구리에 책은 꾹 끼고 다니겠지' 하고 비소하였다. 그 후 나도 노상에서 그를 보았는데 과연 서껄 밑을 걷고 있었고 옆에는 책을 끼고 있었다. 네모난 넓적한 얼굴에 근시경을 걸고 침사하는 듯한 표정으로 맥없이 걸어가는 꼴이 문학청년의 전형적 타입인 것 같기도 했다"(〈상화와 고월의 회상〉, 115쪽).

26 백기만, 〈상화와 고월의 회상〉, 121쪽 참조.

27 이것은 개인의 삶의 이상으로서 고독을 구현하는 행동 방식을 자세히 조사한 루소의 논리다. 츠베탕 토도로프, 《덧없는 행복—루소론 · 환상문학 서설》(한국문화사, 1996), 49-56쪽 참조.

시인의 삶의 양상은 이 같은 논리적 추론에 상당히 부합한다.

이 시는 또한 자기 시의 경향에 대한 논평적 언술을 또한 포함하고 있는데, 이는 새로운 시적 성향에 대한 모색과 이전 성향에 대한 평설적 소감으로 구별된다. 전자는 '동경'이란 시어로 수렴되고 후자는 '위로'란 말로 집약된다. 전자에 대한 언급이 서두와 말미에서 작품을 포괄하면서 후자를 부정하고 있긴 하지만 후자에 대한 언설이 분량 면에서 월등히 많고, 전자의 내포가 그다지 명확하지 않아 양자의 의미론적 비중은 대등해 보인다.

시의 본문은 비록 이전의 경향을 회고적 진술로 마무리하고 새로운 정향을 천명하는 내용으로 돼 있지만, 그러한 구상이 이후에 특별히 추구되거나 실현되지는 않았고, 전 작품을 놓고 볼 때 양자의 속성이 중첩돼 있음을 확인할 수 있으므로, 이 시에 개진된 시적 소견과 의사는 사전 구상이나 사후 추상을 막론하고 이장희 시의 전반적 성격을 드러내고 있는 것으로 봐도 무방할 것이다. '동경'과 '위로'의 구분은 문면으로는 확인 불가능한 의도의 차이에 지나지 않는 것으로 보인다.

여기에 명시된 자기 언급을 통해 볼 때 이장희 시의 실제적 동인은 자발적 소외에 기인한 고독과 동경이라 지적할 수 있겠고, 구체적인 시적 동기는 상호 대응을 이루는 '권태'와 '추억', '우울'과 '환상', '참회'와 '신비'로 요약할 수 있겠다. 추억이 내용 요소인 경우 권태가 시작 요인을 이루는 식으로 표면적 제재와 심층적 계기의 차원에서 대응하는 이 같은 시적 동기는 개별 작품은 물론이고 전작全作 체계의 핵심 구성 요소로도 작용한다. 이 글의 논제에 따라 동기 요소를 검토해 분류하면, 의미 형성과 표현 조성의 방식에서 권태와 추억 및 참회와 신비는 낭만성, 우울과 환상은 환상성의 범주에 해당한다고 할 수 있다.

낭만성의 견지에서 이 시는 낭만주의를 특징짓는 의미 자질을 충분히 내포한 작품으로 간주할 수 있다. 자기 자신에 대해서 솔직히 말하고자 하는 자기 관찰과 자기 고백의 의사, 세상에 이질감을 느끼는 고독한 작가의 초상에 대한 자의식, 현실의 부정에 기인하는 다른 시공간을 향한 의식적 지향과 동경, 소외와 고립을 탄식하면서도 수긍하는 이중적 태도의 견지 등은 낭만주의의 일반적 특징에 속한다고 지적할 수 있을 것이다.[28] 그리고 "잃어진 봄이 다시 오랴"란 구절에 드러나듯이, 낭만주의적 동경을 이전의 회고주의적 추상追想과 구별해 주는 요인인 '기旣체험'의 감정 역시 내재돼 있다.[29]

시사적으로 볼 때 이 시의 낭만적 특질은 1920년대 초기시의 낭만적 요소와 상통하는 바가 있다. 사회와 분열된 개체의 절망과 영탄, 현실에서 소외된 개인의 고독과 우울, 고립된 국외자의 불안과 체념, 반현실적 세계에 대한 갈망과 동경 등이 당시의 지배적 조류를 형성했음은 주지의 사실이거니와 이 시의 자질 역시 이에서 크게 벗어나 보이지는 않는다.

---

28 아르놀트 하우저, 앞의 책, 202-231쪽에서 해당 사항을 간추렸다.
29 과거에 관하여 '이미 경험했다'는 감정을 말한다. 위의 책, 219쪽 참조.

이 시에서 가장 강력한 의미론적 구심력을 가진 낱말은 역시 '동경'이다. 이 말은 이장희 시의 동기 및 표현의 축을 형성하는 요소인 권태와 우울과 참회, 추억과 환상과 신비를 포괄하는 동시에 지양한다. 수미에서 작품을 포괄하는 동경의 지향점은 하늘 깊이 잠겨 있는 마리아의 빛나는 가슴이다. 추상적 관념과 구체적 관능의 복합체인 그것은 천상의 심부에 내장된 낭만적 동경의 표상으로, 시적 동기가 구상화되는 방식에 따라 그 내포가 변주된다. 추억이 중추일 경우는 연인, 환상이 핵심이면 모친, 신비가 요체일 때는 성모가 되는 것이다.

이 같은 의식적 지향의 기본 토대는 물론 낭만적 이념이지만, "감은 눈을 뜨고 동경의 비둘기를 높이 날려라"라는 구절에서 알 수 있듯이 동경의 시적 구현은 백일몽과도 같은 환상성의 지원을 필요로 한다. 요컨대 이장희 시의 기본 구도는 '사회와 분열된 고독한 개인의 낭만적 정념과 환상적 동경'이라고 요약할 수 있겠다.

3. 낭만성의 주제와 의미—연정과 명상

작품론을 견지한 기존 연구에서 이장희 시의 낭만성은 주로 1920년대 초기시의 주류를 형성했던 감상적 낭만주의와 결부돼 검토됐다. 그의 시 역시 당대의 일반적 경향을 이뤘던 감상과 허무의 무드에 포박돼 있다는 것이 그 결론으로, 화자의 정서나 시적 분위기 또는 정조의 성격이 그러한 판단의 근거를 이룬다.[30] 시사론에서는 사조 면에서 시인이 속했던 《금성》 동

인을 《백조》의 연장선상에서 파악하거나 정조 면에서 이장희를 김억과 대비하면서 낭만성을 지적한다.[31]

이 같은 논지는 충분히 수긍할 만한 것이지만 작품의 정조라는 다소 모호하고 주관적인 개념에 지나치게 의지하는 까닭에 논의의 타당성을 충분히 갖췄다고 보기 어렵고, 비록 고차적 추상을 거쳐 규정한다고는 하나 총괄적 개념을 감정적 특질에 의해서만 설정하는 것은 논리적 정합성에 어긋난다고 생각된다. 따라서 여기서는 표현 방식과 아울러 주제 내용과 의식 형태를 종합적으로 분석해 낭만성의 내포를 추론토록 한다.

이장희 시에 낭만주의의 기본 자질이 내재해 있음은 앞에서 시사한 바거니와 특별히 주체의 낭만적 의식을 강조하는 요소가 다수의 시편에 편재해 있어 주목을 요한다. 그의 시에서 주체는 흔히 중층적으로 제시된다. 먼저 일인칭 '나'가 화자로 등장한다. 하지만 화자가 곧 주체인 것은 아닌데, 시적 자아의 요체가 물심 복합적인 인격이 아니라 심적 실체로만 제한되기 때문이다. 그리고 이것은 다시 정신적 상태를 나타내는 형용 어구의 수식을 받는다.

이렇게 설정된 시적 주체는 '내 가슴'(〈새 한 마리〉), '나의 가슴속'(〈동경〉), '내 마음'(〈어느 밤〉, 〈벌레 우는 소리〉)처럼 포괄적인 지정에서 "쓸쓸한 이 가슴"(〈석양구〉)이나 "쓸쓸한 심령"

30 권도현, 〈이장희론〉, 262쪽; 김재홍, 〈고월의 시세계〉, 93쪽 참조.

31 김용직, 〈시전문집단, 금성파의 등장〉, 240쪽; 홍정선, 〈고월 시에 있어서 화자와 정서〉, 190-191쪽 참조.

(〈청천의 유방〉) 같은 구체화를 거쳐, “나의 고달픈 영(靈)”(〈석양구〉), “나의 고달픈 혼(魂)”(〈봄 하늘에 눈물이 돌다〉), “젊어서 시들은 나의 혼”(〈동경〉)과 같이 한정된다.

이렇게 규정된 시적 주체의 의식은 종종 개인적 체험이 응결된 경험체를 지향하는데, 전편에 걸쳐 거듭 등장하는 과거에 대한 상념을 가리키는 시어들이 그러한 심의를 단적으로 보여준다. “옛 생각”(〈적은 노래〉), “그리운 옛날 생각”(〈실바람 지나간 뒤〉), “핼푸른 옛 생각”(〈동경〉), “가을바람에 우는 옛 생각”(〈연〉) 등으로 지시되는 의식 현상은 그 지향점으로 특정 대상을 상정하는바 “임”(〈실바람 지나간 뒤〉)과 “그리운 옛 임”(〈동경〉)이 그것이다.

이처럼 고적한 개인의 의식이 시적 주체로서 자기 관찰을 통해 특정한 과거의 체험을 상징적 경험체로 상정하고, 이를 내심의 지향처로 삼아 반복해서 회상하는 구도는 분명 낭만적인 것이다. 그리고 이런 발상은 단일하게 통일된 인격으로부터 자기 성찰적인 자아를 분리해 내는 의식을 전제로 하므로 필연적으로 자의식의 내적 분열과 그에 따르는 번민을 수반하게 된다.

날마다 밤마다
내가삼에 품겨서
압흐다 압흐다고 발버둥치는
가엽슨 새한머리.

나는 자장가를 부르며
잠재이랴하지만
그저 압흐다 압흐다고
울기만함니다.

어늬듯 자장가도
눈물에 떨구요.
—〈새한머리〉

자기 안에 또 하나의 자기가 있다는 사념은 의식적 불화의 표현으로, 낭만주의 문학에 다양한 형태로 나타나는 '이중인간'의 모습과 맥을 같이 한다. 낭만주의의 범주에서, 자신의 내면에 또 다른 존재가 있어 느끼고 생각하고 말한다는 관념의 기원과 결과는 상당히 명백하다. 그 기원은 자기 관찰과 자기 성찰의 심리며, 그 결과는 '아프다'고 하는 병적 고통이다.[32] '새'와 '나'를 자아와 모성으로 보느냐 아니면 이드와 초자아로 보느냐에 상관없이[33] 이 시는 낭만적 주체의 자의식을 형상화한 작품으로 간주될 수 있다.

이 같은 내적 분열과 갈등을 겪고 있는 낭만적 영혼이 앞에서 지적한 바 '권태'와 '추억'을 시적 동기로 취하고, 의식의 지향점을 과거의 특정 경험과 대상에 한정해 놓은 작품이 바로

32 아르놀트 하우저, 앞의 책, 234-235쪽 참조.

33 전자에 대해서는 제해만, 〈고월시 연구〉, 102쪽, 후자에 대해서는 김재홍, 〈고월의 시세계〉, 106쪽 참조.

낭만성의 한 축을 이루는 '연정'을 주제로 한 시편이다.

여린 안개속에 눅아든
쓸쓸하고도 낡은 저녁이
어듸선지 물가티 긔어와서
灰色의 쑴노래를 알외미며
갈대가티 간열핀 팔로
솟업시 나의 몸을 둘너주도다

야룻도하여라
나의 가삼속 깁히도 가란저
가늘게 고달핀 숨을 수이고잇든
햴푸른 넷생각은
다시금 쑤물거리며 늣겨울다.

아, 이러할째
무덤가티 잠잠한 모래두던우에
무릅을 써안고 실음업시 안즌
이나의 거츠른 머리칼은
나무입을 스치는 바람결에
갈갈이 나붓기어라.

半圓을 크다란케 그리는
東녁 한울숫에
조고만 샛별이 써잇서

聖者가티 느러선 숩님으로
언제보아도 혼자일러라.
선잠에서 눈뜬 샛별은
싸늘한 나의 뺨가티 썰며
銀빗진 微笑를 보내나니.

외써러진 샛별이어,
내리봄이 어듸런가,
藍빗에 흔들리는 바다런가,
바다이면 아마도 섬이잇고
섬이면은 고은 꼿피는 水國이리라.
오, 이질수업는 머나먼 憧憬이어.

흐르는, 구름에 실려서라도
나는 가련다, 가지안코 어이하리,
얄밉게도 지금은
水國의 꼿숩으로 돌아가버린
그러나 그리운 넷님을 뫼올가하야.

그러면 님이어,
惑시 그대의 門을 두다리거든
젊어서 시들은 나의 魂을
슷업는 安息에 멱감게 하소서.

아, 저두던에 울리도다,
마리아의 은은한 쇠북소래에,

저녁은 갈사록 한숨지어라.

—〈憧憬〉

이 시는 실제 체험을 반영한 것으로 알려져 있다. '옛님'과 '마리아'로 지칭된 인물이 일본 유학 시절 시인이 사랑했던 소녀라는 것이다.[34] 작가론의 관점에서는 이 시를 "그 여성을 연모하는 정회를 읊은 시", "에이코에의 영원한 연서", "동경에 있는 에이코를 그리워한 대표적인 작품" 등으로 규정해도 무방할 것이다.[35] 낭만적 영혼의 내적 갈등과 지향이란 요인과 관련해 이 시에서 주시할 것은 지금의 처지와 그 부정 상태 사이의 대비 구도다.

현재 상황을 표현하는 시어는 한결같이 부정적 어감을 지닌 말로 하나의 계열을 이루고 있다. '쓸쓸하다'와 '낡다'로 시작해 '잠잠하다', '시름없다', '거칠다', '싸늘하다'로 이어진 형용사는 말미에서 '시들다'와 '한숨짓다'란 동사로 수렴된다. 이에

34 이를 처음으로 지적한 것은 양주동이다: "언젠가 군의 서신 가운데 동경에 있는 M이란 여성을 그리워하노라 하면서 '나의 M! 나의 M이 있는 동경! 나는 그곳을 최근에 한번 가보려 한다.' 이런 의미의 일절이 있었던 것을 생각한다. 군의 시 〈동경〉(《시인선집》 소재) 가운데 '오 잊을 수 없는 동경이여' 한 것은 실로 동경(憧憬)과 동경(東京)의 동음을 취한 것이다. 이것은 직접 군에게 들었던 말이다"(〈낙월애상〉, 128쪽). 이어 이종진이 그녀의 이름이 '에이코'임을 밝혔다[〈새 자료로 본 두 시인의 생애—이장희 편〉, 《문학사상》, 10(1973.7), 394쪽].

35 백기만, 〈상화와 고월의 회상〉, 132쪽; 권도현, 〈이장희론〉, 244쪽; 김재홍, 〈고월 이장희 평전〉, 74쪽.

대립해 현 상태를 부정하는 기대 상황은 '곱다'란 형용사와 '안식'이란 명사로 집약된다.

낭만적 동경의 표현이란 점에서 이 시는 1920년대 초기 낭만주의 시의 전형이라 할 만한 이상화의 〈나의 침실로〉와 비슷한 점이 많다. "끝없는 안식"이라는 절대적 상태의 갈구, 성모의 호명에 의한 상대의 이상화, 몽환적 분위기 조성을 위한 '꿈'에 대한 언급, '도다', '어라' 같은 감탄형 어미 및 '아', '오' 같은 감탄사 사용에 따르는 열정적 어조, "가지 않고 어이 하리"가 나타내는 동경의 필연성, '쇠북' 같은 종교적 기구의 도입 등을 유사점으로 지적할 수 있을 것이다.

하지만 이런 표현의 유사성에도 불구하고 이 시에 내재된 주체의 의식적 지향은 〈나의 침실로〉가 보여 주는 1920년대 초기 시의 낭만적 상상력과 그 구극적 비전에서 이탈한다.[36] 이 시에서 화자는 실현 불가능성을 계속해서 의식하면서 동경을 표출한다. '옛 임'이 그립고, '수국'을 잊을 수 없고, '옛 생각'이 다시 떠오르고, '꿈 노래'가 들리지만, 이 모두는 결국 '한숨' 속에 사라진다. 동경이 탄식으로 귀결되는 것이다.

이런 경과는 당연하다 할 텐데, 처음부터 꿈 노래는 '회색'이었고, 동경은 '머나먼' 곳임을 알고 있었기 때문이다. '옛 생각'을 수식하는 긴 관형구를 보면, 이 같은 사정이 좀더 명백해진다. 그것은 정념의 강도를 좌우하는 핵심 요소임에도 지극히

36 1920년대 초기시의 성격과 〈나의 침실로〉에 대한 규정은 김흥규의 논의를 따랐다. 앞의 글, 241-242쪽 참조.

미약하다. 가슴속 아주 깊이 가라앉아 가냘프고 고단하며 해쓱하고 파리한 기운만 겨우 남아 있는 것이다.

절실한 기원과 간절한 어조에도 불구하고 이 시에는 도취 실현의 열정이나 가치 추구의 열망이 보이지 않는다. 1920년대 초기시의 부정적 면모라 할 감상적 탐닉과 이념적 허위 역시 여기에는 존재하지 않는다. 도취와 감상, 가치와 이념을 모두 배제하고도 이 시가 낭만적 동경의 표상으로 간주될 수 있는 것은 '옛님'의 실재성 때문이다. 물론 이것은 작품 외적 현실의 상대를 가리키는 것이 아니라 작품 내적 상황의 맥락을 말하는 것이다. '옛님'은 추상적 이념이나 관념적 실체가 아니라 구체적 대상으로 상정돼 있고, 이것이 바로 이 시가 지닌 낭만적 동경의 특성을 결정짓는다.

동경의 대상이 특정 인물이란 사실은 이상 추구의 절대성과 필연성을 현실적으로 제약한다. 화자가 염원하는 "끝없는 안식"은 꿈꿀 수는 있지만 이뤄질 수는 없는 것이다. "가지 않고 어이 하리"란 말은 의지의 표현이지 필연의 표시가 아니다. 절대와 필연, 영원과 무한이 실제로 실현될 수는 없는 일이다. 이 시의 기반을 이루는 낭만적 이분법은 시간성의 차원에서 '현재와 과거' 및 '현재와 미래'의 대립으로 정리할 수 있는데, 여기서 대상의 실재성은 동경의 지향점으로서 과거와 미래를 유의화類義化한다. 현재의 부정으로서 소망하는 미래의 상태가 새로운 정향의 구현이 아니라 역시 현재의 부정태로 설정된 과거의 재생으로 여겨지기 때문이다.

동경의 지표가 지닌 상대성과 유한성은 이 시의 전반적 정조를 갈망의 표현이라기보다는 탄식의 표출에 가깝게 만들지만, 대상의 실재성은 의식적 지향에 현실적 실현 가능성을 부여한다. 과거에 대한 회상에서 미래에 대한 원망이 발생하고, 기대 상황이 경험 내용으로 환원되는 까닭에 '연정'을 주제로 삼거나 '추억'을 동기로 삼은 작품에서 주체의 의식은 언제나 과거에 대한 상념을 중심으로 회전한다.

님이시여
모르시나닛가?

지금은
그리운 녯날생각만이,
시들은 쏫
싸늘한 몬지
사그라진 촉불이
깃드린 祭壇을
고이고이 감돌면서
울음석거 속색입니다.

무엇을 빌며
무엇을 푸념하는지요.
—〈실바람지나간뒤〉

애닯다

헐버슨 버들가지에
어느때부텀인지
연 한아 걸녀잇서
낡고 지쳐 가늘엇나니
그는 가을바람에 우는
녯생각의 그림자—ㄹ러라
—〈연〉

〈실바람 지나간 뒤〉는 이장희 첫 발표작으로, 〈동경〉의 축약판이라 할 만하다. 양자는 대상과 시어는 물론이고 의식과 주제에 있어서도 상통한다. 전자에서 동경의 표현을 대신하는 것은 배경과 설의다. 비록 기원과 푸념의 내용이 적시돼 있진 않아도 전체 맥락에 비추어 사연을 짐작하기 어렵지 않은데, "님"과 "옛날 생각"이란 말이 긴요한 단서를 제공하기 때문이다. 이 시의 문면에서 배제된 동경의 내포는 과거의 재현으로 규정할 수 있을 것이다. 작가론적 시각에서 〈연〉은 흔히 시인의 자화상처럼 받아들여진다.[37]

작품론의 견지에서는 〈동경〉의 고달파 거칠게 시든 인물과 〈실바람 지나간 뒤〉의 시들어 싸늘하게 사그라진 배경과 이 시의 낡고 지쳐 가늘어진 대상의 상동성을 지적할 수 있을 것이다. '연'을 시인의 초상으로 보건 화자의 표상으로 보건 이 시

37 김학동, 〈사계의 감각과 그 회화성〉, 224쪽; 김재홍, 〈고월의 시세계〉, 110쪽 참조.

에 내재된 주체의 의식이 과거의 사영射影에 고착돼 있음은 분명하다.

연정을 주제로 한 시편에서 추상追想이 구심력으로 작용한다면, 낭만성의 또 다른 축을 이루는 명상을 주제로 삼은 작품들에서는 성찰이 그 같은 힘을 발휘한다. 이장희 시의 기본 구도를 요약하고 있는 〈봄 하늘에 눈물이 돌다〉에 명시된 바에 따르면, 명상과 성찰에 치중하고 있는 작품은 '참회'와 '신비'를 시적 동기로 취한다고 할 수 있다. 여기서 주체의 의식은 '성신聖神'과 자아 사이를 순환한다.

바람소리는 안이고
실낫카튼 소리가 잇서
푸른 입사귀 넘어로
나직하게 나직하게 들니도다.

멀니서 불으는 쑴노랜지
야릇한 소리는 끗임업시
고은 향긔에 녹아들어
쓸쓸한 이가삼에 사모치어라.

가을에 속색이는 물결가티
풋어린 설음이 흔드는대로
나도몰래 들가의 지름길을
보리심은 언덕으로 오르나니

보아라, 새깜안 큰 바우새이에
놉히 밧들은 聖마리아,
새맑은 모래우에 쑬안지며
우럴으고 수푸린 修女들을

두팔을 가슴우에 맛대이고
슷업시 길이는 讀經의 소리
惑시 썰리고 惑시 그윽하야
修女들은 聖像밋에 깃드리도다.

오, 信仰의 깃붐이어
넘치는 榮光에 저즌 修女들의 소리여
나의 고달핀靈, 거츠른 몸은
무거운 黙示에 늣겨울다.

어느듯 느진 바람은 한숨짓고
빗발가튼 斜陽을 가로받은
教堂의 붉은 벽돌, 둥그런 琉璃窓은
갸륵한 金빗에 빗나여라

아, 지금 修女들의 고은 소리는
동산 넘어 깁히도 사라지고
물가티 가란진 모래언덕은
속압흔 瞑想에 저물어간다.
—〈夕陽丘〉

이 시는 시상의 전개 과정과 배경, 화자의 신상身上과 심정, 조사措辭와 어조 등 다방면에서 〈동경〉과 유사성을 지닌다. 양자는 각기 '명상'과 '연정'의 주제를 가장 세밀하게 형상화한 작품이다. 이로 보건대 두 주제 및 그 동기를 이루는 '참회'와 '신비' 및 '권태'와 '추억'은 동일한 낭만적 정념의 소산으로 판단된다. 양자는 표현 양상을 달리하기는 하지만 동일한 시작 동인을 공유한다. 이 시에서 주체의 현 상태를 나타내는 시구는 '쓸쓸한 가슴', '고달픈 영', '거친 몸'인데, 이런 상태는 〈동경〉에도 그대로 해당된다. 이를 이장희 시의 기본 구도를 나타내는 말로 요약하자면 '고독'이 될 것이다.

〈동경〉과 이 시의 주제상의 차이는 의식의 일반적 지향성이 아니라 그 구체적 지향처에서 발생한다. 전자에서 주체의 의식은 시간적으로는 '옛날', 대상적으로는 '옛 임', 상태적으로는 '안식'을 지향하고, 이들은 모두 현실에 반립한다. 이 시에서 현실의 부정태로서 의식의 지향처를 이루는 것은 '성마리아'와 '성상' 및 '기쁨'과 '영광'이다. 〈동경〉에 등장하는 '마리아'는 비유였으나 여기서는 실체다. 신앙의 대상이 됐건 신심의 상태가 됐건 이 시에서 의식의 지향처에 해당되는 대상은 주체의 현 상태에 반의적인 관형어구의 수식을 받는다.

본문의 시어를 따르자면 처음에 화자의 정념을 촉발한 것은 '꿈노래'로 표상되는데, 이 말은 작품 전체의 속성을 규정하는 말로 받아들여도 무방할 것이다. 이는 〈동경〉에도 그대로 적용되는 사항으로, 두 시에서 '꿈'은 공히 낭만적 동경을 나타낸다. 〈동경〉이 낭만적 과거 지향의 표출이라면, 〈석양구〉는 낭만적 신성 추구의 표현이다. 낭만주의 시가 기독교로부터 유래한 무한을 갈망하고, 그로 인한 내면의 분열, 현실과 이상의 괴리, 만족되지 않는 동경 등을 구현함은 주지의 사실이거니와 이 시 역시 그러한 관점에서 이해할 수 있을 것이다.[38]

하지만 〈동경〉이 대상의 실재성으로 인해 종국에는 낭만적 상상력의 비전에서 벗어나듯이 이 시 또한 신심 생성의 우발성으로 인해 결국은 낭만주의의 지평에서 이탈한다. '꿈 노래'에 자극된 '동경'은 '끝없는 안식'의 지향을 거쳐 '한숨'으로 귀착되지만, 동일한 '꿈 노래'에 자극된 '신앙'은 '무거운 묵시'의 감격을 거쳐 '명상'으로 귀결된다.

일견 양자의 결말은 서로 다른 듯도 하지만 '명상'이란 개념을 한정하는 '속 아픈'이란 관형절이 있어 그러한 피상적 차이는 상당히 소거된다. "속 아픈 명상"이란 정관적 관조가 아니라 자탄적 성찰에 가까운 의미를 지니는 것으로 판단된다. 이 점은 '명상'의 주제를 공유하는 다른 작품들에 의해 방증될 수 있을 것으로 보인다.

어느덧 가을은 깊어
들이든 뫼이든 숲이든
모다 파리해 있다

38 먼로 C. 비어슬리, 《미학사》, 이성훈 · 안원현 옮김(이론과실천, 1987), 284쪽 참조.

언덕우에 오뚝히 서서
개가 짖는다
날카롭게 짖는다

비ㅡㄴ 들에
마른잎 태우는 연기
가늘게 가늘게 떠오른다

그대여 우리들 머리 숙이고
고요히 생각할 그때가왔다
—〈쓸쓸한 시절〉

이겨울의 아츰을
눈은 나리네.

저눈은 너무 희고
저눈의 소리 또한 그윽함으로
내 이마를 숙이고 빌가하노라.

님이어 설은 비치
그대의 입설을 물들이나니
그대 또한 저눈을 사랑하는가.

눈은 나리어
우리 함씌 빌째러라.
—〈눈은 나리네〉

고맙어라
눈은 싸우에 액김업시 오도다
배곳보다 희도다
너무나 아름다운 눈이길래
멀니 신성한것을 이마에 늣기노라
아아 더러운 이몸을 어이하랴
고요한 속에
뉘우침만이 타오르다 타오르다
—〈눈〉

이 세 편의 시는 주제나 시의식으로 봐 〈석양구〉에서 분기된 같은 계열의 작품으로 간주할 수 있을 것이다. 세 작품의 상동성은 의미의 차원에서뿐만 아니라 구조의 차원에서도 확인된다. 셋은 모두 앞부분에서 계절에 따른 풍경이나 현상을 묘사하고, 이어서 그에 적합한 사유나 행동 양식을 제시하는 구성 방식을 취하고 있다.

가을의 정경이나 겨울의 기후는 특정 행위를 취택하고 그 정합성을 판단하는 계기를 이룬다. 문맥만 따져 내용을 정리하면, 〈쓸쓸한 시절〉과 〈눈은 나리네〉의 요지는, 만추는 머리 숙이고 고요히 생각할 때고, 설조雪朝는 이마를 숙이고 빌 때라는 명제로 요약된다. 〈눈〉은 문구 구성이 다르기는 하나 그 취의는 〈눈은 나리네〉와 상통한다고 봐도 무방할 것이다.

여기서 사유의 발단과 행동 양식 선택의 핵심적 계기로서 시후에 따라 결정된 행위는 각각 '생각하다', '빌다', '뉘우치다'

로 표현돼 있는데, 이 낱말들의 함의는 사색과 기도와 참회의 일반적인 내포를 넘어서지 않는 것으로 보인다. 따라서 이 시들의 구체적인 의미 형성은 행위 자체의 의의보다는 행위의 사연辭緣에 절대적으로 의존한다고 하지 않을 수 없다.

여기서 '생각하다', '빌다', '뉘우치다'는 모두 타동사로 목적어를 필요로 하고, 사색과 기도와 참회 역시 같은 맥락에서 대상과 내용을 요구한다. 하지만 이 세 편의 시에는 공히 해당 행위 선택의 과정만이 제시돼 있지 그러한 행위 수행에 필수적인 목적이나 대상은 밝혀져 있지 않다.

이 시들은 화자가 무엇을 생각하고 빌고 뉘우치는지에 대해 구체적으로 알려주는 바가 없다. 이 유형의 작품이 특정한 종교적 색채를 지닌 것은 전혀 아니며, 단지 명상적이고 초현세적인 어조나 분위기가 그에 닮았을 뿐이라는 지적과 그에 대한 동의가 제기되는 것도 이 때문이다.[39] 물론 의미의 모호성은 일률적인 것은 아니어서 작품들 사이에 상당한 차를 보인다.

하지만 그 차이는 정도의 차이이지 질의 차이는 아닌 것으로 판단된다. 순차적으로 구체성의 차이가 감지되도록 배치한 인용 작품들 중에서 가장 자세한 내용을 갖추고 있는 것은 〈눈〉이지만, 여기서도 순수와 미의 근원으로서 신성한 것의 정체와 육신이 불결한 이유는 나타나 있지 않다. 표상의 실체와 자각의 사유가 드러나 있지 않으니 참회의 내용 역시 알 수가 없다.

---

39 오탁번, 〈고월시의 양면〉, 604쪽; 김재홍, 〈고월의 시세계〉, 113쪽 참조.

따라서 이 유형에 속하는 작품의 의미는 실제 행위의 사연에서 찾을 것이 아니라 그러한 행위에 수반되는 의식 작용의 의의에서 찾아야 할 것으로 생각된다. 주체의 의식이 사색과 기도와 참회가 지닌 의의를 사유의 양상으로서 반추하는 경우에만 그 같은 행위들은 현실적 목적과 구체적 대상에 관련된 내용을 배제하고도 의미를 가질 수 있을 것이다.

결국 이 시들은 특정한 사유 행위가 지닌 가치를 표현하는 동시에 그런 행위를 수행하는 주체의 의식을 표출하는 데 초점을 맞추고 있는 작품으로 판단된다. 계기에 따라 생각하고 빌고 뉘우치는 행동은 화자의 의식에 현상된 사색과 기도와 참회의 본질적 의미를 부연하는 행위에 지나지 않는 것이고, 주체의 의식은 스스로의 작용을 목적과 대상으로 삼을 뿐이다.

자연이나 신성으로 지칭할 수 있는 초월적 존재에 대한 종교적 감정의 발현이 종국에는 의식의 자기 지향으로 귀결되는 양상은 앞서 명상을 주제로 삼은 작품의 대표로 인용한 〈석양구〉에서도 마찬가지다. 성 마리아와 독경과 성상에 의해 유발된 "신앙의 기쁨"과 "무거운 묵시"의 감열感咽은 순간적으로 발생했다 곧바로 "속 아픈 명상"으로 전환되는데, 작품을 종결짓는 정서로서 애달픔이란 서두에 제시된 '쓸쓸함'이란 심정과 크게 다르지 않다.

쓸쓸함이 애달픔으로 바뀌는 과정에 개입하는 종교적 감정은 분명 고독에서 파생되는 낭만적 동경의 소산이긴 하지만 일시적인 외부 자극에 반응하는 수동적 정념으로서, 지속성을 지니지 못하고 정조 변환의 매개로서만 기능을 한다. 여기에 쓰인 '명상'이란 말은 신앙의 대상에 대한 정관이 아니라 주체가 자신의 심적 상태에 대해 행하는 의식적 자기 응시로서 성찰을 뜻하는 것으로, 같은 계열의 작품에 나오는 사색과 기도와 참회의 의식 작용과 동일한 원환을 그린다.

요컨대, 이장희 시의 낭만성은 주제의 차원에서 연정과 명상으로 대별되는 시편으로 구현되는바 전자는 권태와 추억, 후자는 참회와 신비를 시적 동기로 취한다. 양자는 모두 시작의 동인으로서 현 상황에 반립하는 대상이나 정황을 상정하고, 그 같은 반현실적 상태에 대한 동경을 영탄적으로 표출한다는 점에서 분명 낭만적이다.

두 유형은 각각 낭만적 과거 지향과 낭만적 신성 추구의 표현이라 지칭할 수 있을 것이다. 하지만 양자는 또한 공히 대상 지정과 정황 설정의 속성으로 인해 낭만주의의 일반적 비전에서 이탈하는데, 연정의 시편에서는 상대의 실재성, 명상의 시편에서는 계기의 우발성이 낭만성의 지평을 제한하거나 차단한다.

그럼에도 불구하고 결국에는 두 주제를 다루고 있는 작품들을 낭만적이라고 규정할 수밖에 없는 이유는 시적 주체의 자기 지향적 의식 작용 때문이다. 시적 주체의 의식이 스스로에게 속한 의식 내용을 추상하거나 성찰하는 것으로 자신을 표현하는 양식은 자기 관찰을 자기 표현의 전제로 삼는 낭만적 자의식의 발로라 하지 않을 수 없다.

4. 환상성의 구조와 내용—욕망과 유희

기존 논의에서 환상성에 대한 지적은 주로 작가론의 관점에서 빈번하게 이뤄졌으나 빈도에 합당한 내실을 갖추지는 못한 것으로 생각된다. '환상'과 관련된 술어는 이장희 시의 일반적 속성, 창작 방법, 생애와 작품의 관련 등을 대상으로 두루 사용됐으나, 논의의 방식과 내용은 지극히 단편적이었다.

세 측면을 아울러 환상성을 가장 비중 있게 다룬 것으로 보이는 백기만의 평설에서도 시 해석에 기반을 두거나 작품 분석에서 도출한 설명은 전혀 보이지 않는다. 그는 '환상 시인'이란 규정을 제기하기는 했지만, 그것을 예증하고자 하지는 않았다. 환상성에 관한 한 그간의 의론은 대체로 추론이나 논증에 의거하지 않고 단순한 인상이나 느낌을 기술하는 데 그친 것으로 보인다.[40]

---

40 백기만의 다음과 같은 설명은 작품, 작법, 전기에 두루 관련되지만 실제 작품에 대한 언급이 전혀 없어 실증적 논증으로 보기는 어렵다: "이렇게도 현실이 불만하고 병적으로 되어 있는 그는 환상 세계에서 그의 위안을 구하려 하였다. 그러므로 그의 작품에는 환상면이 대두하였고 때로는 순전한 환상 세계에서 만들어진 시도 있었다", "그는 현실 세계를 긍정할 수 없었고 이러한 견디기 어려운 고비에서 이탈하기 위하여 스스로의 환상 세계를 만들기에 바빴다. 그리하여 병적인 환상 세계에서 위안을 얻음으로써 현실 세계에서 오는 압력과 고통을 완화한 것이다"(〈상화와 고월의 회상〉, 122-125쪽). 김재홍과 권도현은 백기만과 거의 유사한 관점에서 시인을 평했는데, 전자는 '환상', '몽상', '몽상적 환상', '환상 세계', '환상의 세계'(〈고월 이장희 평전〉, 76-77, 83-84, 89-91쪽; 〈고월의 시세계〉, 108쪽), 후자는 '극도의 환상병', '병적 환상', '판타지'(〈이장희론〉, 246, 263쪽)를 술어로 썼다. 김학동은 작품론에서 '환상의 세계', '환몽', '환몽의 세계' 등의 용어를 쓰

간략하나마 실질적인 작품 분석에 토대를 두고 환상성을 다룬 경우로는 오탁번의 연구와 김윤식의 평론을 들 수 있을 뿐이다. 전자는 〈고양이의 꿈〉 한 편을 대상으로, 꿈과 좌절이란 의미 요인의 환상적 · 초현실적 표현 양상을 논하고 있고, 후자는 〈청천의 유방〉 한 편을 대상으로, 환상 · 환각 · 허상으로 표출된 심리적 욕구의 의미를 평하고 있다.[41]

양자는 모두 논의의 범위가 극히 제한돼 있고, 분석 내용이 단순하긴 하지만 비평의 대상을 구체적으로 지정하고, 해당 작품의 속성과 동기를 적시하고 있다는 점에서 의의를 지닌다. 따라서 여기서는 양자를 논의의 단서로 삼아 이장희 시의 기본 구도하에서 환상성이 표출되는 양상을 실증적으로 해명토록 하겠다.

이장희 시의 기본 구도를 집약하고 있는 작품인 〈봄 하늘에 눈물이 돌다〉의 문맥에 따르면, '환상'은 '우울'에 대응하는 시적 동기로 간주할 수 있다. 이장희 시 전편을 놓고 보면, '권태'와 '추억', '참회'와 '신비'를 모두 동기로 취하는 낭만성에 비해 환상성은 구도 설정에서나 실제 양상에서나 그 비중이 낮다. 하지만 '권태'와 '참회'와 '우울'이 기본 구도 형성의 핵심적 의미 요소로서 '고독'에서 파생되고, '추억'과 '신비'와 '환상'

기는 했지만, 상기 작가론의 견지에서 크게 벗어나지 않았다(〈사계의 감각과 그 회화성〉, 197, 204, 227, 236쪽).

41 오탁번, 〈고월시의 양면〉, 608쪽; 김윤식, 〈네 가지 죽음의 형태〉, 377-378쪽 참조.

이 마찬가지 요소인 '동경'으로 수렴되는 과정에서 두 주제의 중합이 발생할 뿐만 아니라 낭만적 자질로는 이해되지 않는 표현이 있어 환상성에 대한 검토는 방과放過하기 어렵다. 낭만성과 환상성의 중첩을 보여 주는 대표적인 작품이 바로 창작 연대로 보면 시인의 첫 작품이 되는 〈청천의 유방〉이다.[42]

어머니 어머니라고
어린마음으로 가만히부르고십흔
푸른하눌에
다스한봄이흐르고
또 힌볏을노으며
불눅한乳房이달려잇서
이슬매친포도송이보다더아름다워라
탐스러운乳房을볼지어다
아아 乳房으로서달콤한젓이방울지려하누나
이때야말로哀求의情이눈물겨우고
주린食慾이입을벌이도다
이무심한食慾
이복스러운乳房……
쓸쓸한심령이어 쏜살가티날러지어다
푸른하눌에날러지어다.
—〈青天의 乳房〉

---

42 이장희는 1924년 5월 〈실바람 지나간 뒤〉 외 네 편의 시를 《금성》 3호에 발표하면서 시단에 나왔다. 〈청천의 유방〉은 1922년작으로 돼있다.

일반적으로 이 시의 해석에는 전기적 사실이 참조된다. 다섯 살에 어머니를 잃고 계모 슬하에서 아버지와 불화를 겪으며 성장한 시인의 초상이 작품의 배경을 이루는 것이다. 첫머리에 두 번 반복되는 '어머니'는 표상이 아니라 실재에 대한 호명이라고 봐도 무방할 것이다. 비평의 관점에 따라 이 시의 의의는 다르게 평가되는데, 심리 비평의 입장에서는 오이디푸스 콤플렉스와 유아기로의 퇴행 충동이 중시되고, 윤리 비평의 관점에서는 나약한 방어기제가 비판되며, 형식 비평의 시각에서는 유기적인 구조를 갖춘 시로 인증된다.[43]

짜임새 있게 조직된 이 시의 상징체계는 이미 명료하게 정리된 바 있다. '푸른 하늘'은 '어머니'고, '태양'은 '유방'이며, '흰 볕'은 '젖'이다. '방울지려' 하는 것은 모정이고, '애구의 정'과 '식욕'은 모성에의 그리움이며, '쓸쓸한 심령'은 시인 자신이라는 것이다.[44] 비유로서 유방의 원관념을 '구름'으로 보는 논자도 있으나,[45] 흰 볕이 자양의 구실을 한다는 점에서 태양이 더 적절할 듯하다.

환상성의 관점에서 이 시를 고찰할 때 문제가 되는 것은 대략 세 가지다. 욕구의 성질과 그 표현 방식 및 기본 구도의 발현 양상이 환상적 해석의 관건을 이룬다. 시작의 동인이자 작품의

43 김인환, 〈주관의 명징성〉, 268쪽 참조.

44 제해만, 〈고월시 연구〉, 79쪽 참조.

45 오탁번, 〈고월시의 양면〉, 605쪽; 김인환, 〈주관의 명징성〉, 270쪽 참조.

중추를 이루는 심리적 요인으로 어머니에 대한 그리움을 지적하는 것은 틀렸다고는 할 수 없지만, '시인 화자'가 지닌 욕구의 속성을 감안하면 지나치게 포괄적이라 생각된다. 여기에 표출된 주체의 욕망이나 충동을 심리적 욕구의 차원에서 규정하기는 어려울 것으로 보인다. 심리적 욕구란 이차적인 것으로, 생명의 유지와는 무관하게 인격적으로나 사회적으로 발생하는 것이기 때문이다.

화자의 욕구는 일차적이고 생리적이고 기본적이다. 그가 그리워하는 것은 인격으로서의 어머니가 아니라 어머니의 신체고, 그중에서도 가슴이며, 더 정확히 말하자면 거기서 나오는 젖이다. 화자가 눈물겹고 애처롭고 간절한 마음으로 바라는 것은 본능으로서의 식욕의 충족인데, 그 대상이 어머니의 가슴에 고착되는 이유는 주체가 스스로의 심적 상태를 유아기에 가까운 "어린 마음"의 단계로 되돌려놓기 때문이다.

심리 비평의 견지에서 이 시는 욕구 충족의 상상적 장면으로서 환상의 표현으로 간주될 수 있을 것이다. 환상을 욕구나 욕망이 표출되는 통로로 다루는 정신분석학은 부재와 결핍에서 야기되는 요구가 환상을 동기화하며, 욕망을 위한 무대 장치를 제공하는 것이 환상의 일차적 기능이라고 설명한다. 이 시의 욕구 표현 양상은 환상을 욕망의 환각적인 충족을 지향하는 심리적 기제로 파악할 때 상용되는 사례와 유사하다.

정신분석학적 환상론에 의하면, 가장 기본적인 환상은 유아적 욕구의 충족과 해소에 관련된 대상을 환각적으로 회복하려

할 때 나타나며, 그 대표적인 예는 엄마와 분리된 아기가 젖가슴 같은 실제 대상이 부재할 때 대체적인 형식으로 만족의 경험을 재생산하는 것이다. 따라서 이 시를 백일몽의 표현이나 리비도의 투사로 분석하는 것은 타당한 방법이라 여겨진다.[46]

간단히 말해 환상은 비유적 의미가 문자 그대로 취해지는 데서 생긴다. 작품 해석의 차원에서 본문이 시적으로도 우의적으로도 독해되지 않아야 환상이 실현되는 것인데, 시적 독해란 상징적 또는 비표상적 해석을 가리킨다.[47] 이 시의 표현 방식이 표상적임은 분명해 보이고, 대상의 근접성과 정황의 직접성은 상징적 해석을 거부한다.[48]

상징적 독해가 어려운 까닭에 이 시의 표현을 우의적으로 해명하려는 시도가 없지는 않으나 상징이 부정되는 같은 이유로 해서 우의 또한 부정되는 것이 아닌가 한다. 화자의 처지를 나라 없는 식민지적 삶의 알레고리로 보거나 어머니의 정체를 예수님과 동격인 하느님으로 보는 것은 작품의 문맥이나 배경에 비춰볼 때 다소 자의적인 판단이라 생각된다.[49] 표상적이면서

---

46 제해만, 〈고월시 연구〉, 79쪽; 김재홍, 〈고월의 시세계〉, 96쪽 참조.

47 이상의 내용에 대해서는 츠베탕 토도로프, 앞의 책, 132, 187, 166-168쪽 참조.

48 "푸른 하늘에 달린 유방은 선명하고 그것을 향하는 시인의 그리움은 간절하여 이 정황은 상징으로 쉽게 환원되려 하지 않는다. 유방은 바로 시인의 안전에, 봄 하늘에 있다. 유방은 거기 있으며, 거기 있는 것은 상징이 아니다"(황현산, 〈이장희의 푸른 하늘의 유방〉, 《현대시학》, 2000. 3, 193쪽).

49 전자는 황현산(〈이장희의 푸른 하늘의 유방〉, 195쪽), 후자는 김인환(〈비유의 힘〉, 283쪽)의 해석이다.

상징적이지도 우의적이지도 않다는 점에서 이 시의 표현 방식은 환상의 구현에 적합하다고 할 수 있다.

환상성의 관점에서 마지막으로 검토할 문제는 〈청천의 유방〉에 기본 구도가 발현되는 양상에 관한 것이다. 기본 구도가 집약된 〈봄 하늘에 눈물이 돌다〉에서 가장 핵심적인 구절은 맨 앞과 맨 뒤에서 반복되는 "동경의 비둘기를 높이 날려라"인데, 여기에 나오는 '동경'이란 시어는 이장희 시 전체의 주제 내용과 시작 동기와 시의식을 모두 포괄하는 의미론적 자장을 지닌다.

〈청천의 유방〉에 표현된 의식적 지향은 추상적으로는 이 '동경'이라는 개념에 수렴된다. 〈봄 하늘에 눈물이 돌다〉에는 의식의 지향점이 또한 지정돼 있다. "흰 구름 조으는 하늘 깊이에 마리아의 빛나는 가슴이 잠겨 있나니"라는 시절에 명시된 동경의 지표는 주제와 동기의 변화에 따라 서로 다른 대상으로 설정되는바 〈동경〉같이 낭만적 과거 지향이 나타나는 작품에서는 연인, 〈석양구〉처럼 낭만적 신성 추구가 드러나는 작품에서는 성모가 된다.

〈청천의 유방〉의 '어머니' 역시 〈봄 하늘에 눈물이 돌다〉에 표시된 동경의 지향점이 구체화된 것으로 이해할 수 있다. 〈청천의 유방〉은 이장희 시의 기본 구도가 고독한 개인의 낭만적 정념과 환상적 동경이란 사실을 입증하는 동시에 낭만성과 환상성의 중첩 및 후자의 분기를 보여 준다는 점에서 의의가 있다.

환상문학에 관한 일반론에 따르면, 환상은 대체로 그 의도와 효과에 따른 세 개의 파장을 가진다. 심리적으로 환상은 욕망을 표출하거나 불안을 표현하고, 사회적으로는 전복을 기획하거나 위반을 기도한다. 수사적인 측면에서 보면 환상에서는 의미의 소실이나 언어의 유희가 발생한다.

이장희 시에는 이 같은 세 가지 자질 중 사회적 범주를 제외한 나머지 두 경우가 나타난다. 〈청천의 유방〉이 환상의 심리적 속성을 적실히 보여 주는 시에 해당한다면, 그 수사적 특징은 다음과 같은 작품들에서 확인된다.

> 室內를써도는그윽한냄새
> 좀먹은緋緞의쓸쓸한냄새
> 눈물에더럽힌夢幻의寢室
> 낡은壁을의지한피아노
> 크달은말러버린짜리아
> 파랏게숭업게여윈고양이
> 언재든지暮色을씌인숩속에
> 코기리가튼古風의비인집이잇다
> ―〈비인집〉

> 씀직한行列이로다
> 軍隊도안이오 旅商도안이오 코기리도안이오
> 씀가티솟구은피라밋트넘으로
> 기달은形像이움직이도다
> 아아어스름달아래

그는쓸쓸한光影의물결이런가
물결은물결을쏘츠며솟업시움직이도다
이全景에흐르는情調
야릇한情調에잠기게하여라
幻想의帆船을씌우게하여라
沙上의바람은쓴치지안코
멀니로서海潮의울음소리들니어라
—〈沙上〉

이 두 편의 시는 제해만이 발굴해 소개한 것으로, 기존 논의에서 거의 다뤄지지 않았다. 유일하게 이들을 다룬 제해만의 연구에서 두 편 모두는 상징적 해석을 통해 이해된다. 〈비인 집〉은 쓸쓸하고 적막한 이 세상의 모습, 시인 자신의 내면 풍경, 시인의 실제 생가, 애정 없는 가정, 어머니가 없는 가정, 사랑 부재의 집을 두루 의미하며, 〈사상〉은 대지의 변질된 모습으로 불모와 황폐의 상징으로, 생의 모습과 종말의 이미지를 구상화하는 동시에 가족들의 죽음, 특히 어머니의 죽음에 대한 잠재의식을 표현한다는 것이다.[50]

이처럼 다의적인 해석이 가능하다는 것은 이 작품들 안에 의미의 결절점이 없다는 사실을 반증한다. 내재 분석으로는 이 시들의 의미를 일정하게 고정시키기는 힘들 것으로 보인다. 제해만의 해석에서 의미 생성의 구심점이 되는 것은 작품이 아

50 제해만, 〈고월시 연구〉, 90-93, 129-131쪽 참조.

니라 전기다. 여기서 시인의 생애는 해석의 참조 자료가 아니라 그 전제로 작용한다. 이 경우 의미는 작품에서 귀납적으로 추출되는 것이 아니고 삶의 양상으로부터 연역돼 본문에 부과된다.

이 시들에 시인의 의식이나 내면이 투사돼 있다고 볼 수는 있겠지만 그 내용을 구체적으로 추정하기는 어렵다. 의미 형성의 요건으로서 〈비인 집〉에는 주체의 판단, 〈사상〉에는 객체의 실체가 전혀 드러나 있지 않다. 두 시가 은유나 환유 같은 비유의 다발이라 하더라도 그 같은 요건을 알 수 없다면 해석이 이뤄질 수 없다. 따라서 이들은 의미를 형성하기보다는 특이한 심상을 구성하거나 기이한 감상을 조성하는 데 치중한 작품으로 보는 것이 좋을 것 같다.

시어를 빌려 지적하자면, 두 작품의 정조情操는 몽환적이고 환상적이다. 〈비인 집〉은 묘사의 의도를 밝히지 않은 상태에서 적막과 비통과 퇴락과 공허의 느낌을 자아내는 심상을 나열함으로써 대상을 비현실적으로 만들고, 〈사상〉은 대상의 정체를 숨긴 채 부정과 긍정, 감상과 묘사, 의문과 명령의 서술을 병치함으로써 초현실적 분위기를 조성한다.

어느 경우든 이런 방식의 시작은 의미의 부하에서 벗어난 시적 유희의 성격을 지닌다고 할 수 있을 터인데, 의도적으로 띄어쓰기를 무시한 점을 이런 규정의 방증으로 삼을 수도 있을 것이다.[51] 기존 논의에서 환상과 관련해 검토된 바 있는 또 하나의 작품인 〈고양이의 꿈〉은 공시적이고 체계적인 관점에서

〈청천의 유방〉 같은 본능적 욕망 표출로서의 환상과 〈비인 집〉 이나 〈사상〉 같은 순수 심상 구성으로서의 환상의 중간 형태로 볼 수 있을 것이다.[51]

시내우에 돌다리,
달아래 버드나무.
봄안개 어리인 시내ㅅ가에, 푸른 고양이
곱다랏케 단장하고 빗겨잇소, 울고잇소,
기름진 소리를 치들고

밝은 애닯은 노래를부르지요.
푸른 고양이는 물올은 버드나무에 스르를 올나가
버들가지를 안고 버들가지를 흔들며
또 목노아 웁니다, 노래를 불읍니다.

멀니서 검은 그림자가 움즉이고,
칼날이 銀가티 번쩍이더니,
푸른 고양이도 볼수업고,
꼿다운 소리도 들을수업고,
그저 쓸쓸한 모래우에 鮮血이 흘러잇소.
―〈고양이의 꿈〉

여기에 그려진 사건은 기괴하고 잔혹하다. 그런 점에서 이 시

51 제해만은 이를 초현실주의적 형태주의에 관련시켰다. 〈고월시 연구〉, 132쪽 참조.

의 성격을 환상적 괴기라 칭할 수도 있을 것이다. 〈비인 집〉이나 〈사상〉처럼 이 시의 내용도 서술 대상의 정체라든가 사건의 전후 맥락을 결하고 있어 구체적인 사연을 파악하기가 쉽진 않지만 내재 분석의 차원에서 추상적이나마 그 의미를 추출하거나 부여하는 일이 불가능하지는 않다.

제목을 참조하고, 본문에 묘사된 고양이의 행태와 죽음을 우의로든 상징으로든 비유로 간주하면 작품의 의미가 어느 정도 드러난다. 오탁번은 이 시가 꿈과 현실의 이원성에서 발생하는 고뇌와 좌절을 표현하고 있다고 했고,[52] 제해만은 정령이나 혼령 등에 관계된 죽음 의식을 표출하고 있다고 봤는데,[53] 어느 쪽이든 의미 해석의 지평이 본문의 경계를 넘어서지 않는다. 그런 점에서 이 시는 특정한 의식이나 개념을 환상적으로 표현한 작품이라 하겠다.

5. 이장희 시의 주제와 동기

이상에서 낭만성과 환상성의 관점에서 이장희 시의 전모를 검토했는데, 기존 논의에서 낭만성은 주로 외재적 견지에서 설정되는 논제였고, 환상성은 단편적 인상으로만 지적되는 문제였다. 여기서는 양자를 작품 체계의 중심축으로 설정하고, 낭만성의 주제와 의미 및 환상성의 구조와 내용을 주제 내용과 시 의식의 차원에서 내재 분석을 통해 논증했다. 논의를 종합컨대,

52 오탁번, 〈고월시의 양면〉, 608쪽 참조.

53 제해만, 〈고월시 연구〉, 115쪽 참조.

낭만성과 환상성은 이장희 시 전편의 동적 체계를 구성하는 핵심적인 의미 요인으로 판단된다.

이장희 시의 기본 구도는 '사회와 분열된 개인의 낭만적 정념과 환상적 동경'이라 요약할 수 있다. 그리고 구체적인 시적 동기는 상호 대응을 이루는 '권태'와 '추억', '우울'과 '환상', '참회'와 '신비'라는 말로 그 의미 자질을 규정할 수 있는바 낭만성은 권태와 추억 및 참회와 신비, 환상성은 우울과 환상을 시작의 계기로 취한다.

낭만성은 주제적 측면에서 연정과 명상의 시편으로 구현되는데, 양자는 각각 낭만적 과거 지향과 낭만적 신성 추구의 표현이라 규정할 수 있다. 둘은 공히 시작의 동인으로 현 상황에 대비되는 대상이나 정황을 상정하고, 그 같은 반현실적 상태에 대한 동경을 영탄적으로 표출한다. 낭만성의 시각에서 조망할 때, 두 유형 모두에서 가장 중심적인 요소는 낭만적 자의식의 발로라 할 시적 주체의 자기 지향 의식이다.

환상성은 욕망의 표현과 언어의 유희라는 두 가지 양상으로 발현된다. 전자에서 환상은 본능적 욕구의 표출 과정에서 발생되며, 비상징적 · 비우의적 표상으로 실현된다. 기본 구도의 견지에서 보면, 욕망의 표현으로서의 환상은 낭만성과 환상성의 중첩 및 환상성의 분기를 보여 준다는 점에서 의의가 있다. 언어의 유희로서의 환상에서는 주체의 판단이나 묘사의 의도가 드러나지 않고, 객체의 실체나 대상의 정체가 밝혀지지 않아 의미의 소실이 일어난다.

낭만성과 환상성의 구체적인 해명 후에 남는 과제는 둘로 집약된다. 먼저 낭만성과 환상성의 발생 동기와 그 특질의 형성 원인이 내재적으로 추구돼야 할 것으로 생각되며, 그렇게 해서 마련된 주제 및 시의식에 대한 이해를 토대로 기존 논의에서 이장희 시의 요체로 간주돼 왔던 감각성의 위상과 속성이 새롭게 조명돼야 할 것으로 보인다.

평론

판타지 · 그로테스크 · 아웃사이더

2004년 겨울 《서정시학》은 1990년 이후에 등단한 여성 시인 열한 명의 시를 모아 특집을 꾸몄다. 스물여섯 명의 평론가에게 추천을 받았다 한다. '21세기, 젊은 여성 시인들의 시세계'가 표제다. 신작시 두 편과 자선 근작시 한 편씩을 모았으니, 전부 서른세 편이다. 시인 수로나 작품 수로나 상당한 규모가 되니, 이것만 찬찬히 살펴도 흥미로운 주제 비평이 가능할 것 같다.

최근 여성 시인들의 시에 일반적으로 나타나는 주제 내지 경향으로 지적되는 특징들이 여기서도 확인된다. 성차, 타자, 정체성, 신체, 욕망, 모성, 생명, 창조, 탈주체, 탈주 등 페미니즘에서 핵심적으로 간주하는 요소들이 산견되는데, 그중에서 특히 환상의 발현이 눈에 띈다.

어쩜 너는 고양이처럼 생겼구나. 죽은 고양이 미미, 죽은 고양이

샤샤, 죽은 고양이 쥬쥬, 저 골목과 함께 사라지면서 그림자가 되는 고양이 라라를 정말이지 군데군데 닮았어.

> 나는 고양이가 되려고 생선 한 마리를 물고 집을 뛰쳐나왔으니까, 야아옹 만세! 네가 아는 미미와 샤샤와 쥬쥬와 라라에 대해 얘기해 줘. 그들의 독특한 취향과 보편성에 대해.

내 인생의 하루는 미미를 생각하며 울었어. 울면서 생각했어. 미미는 아파트먼트 같은 닭장을 실은 트럭에 깔려 납작해졌고, 그래서 내가 운다고 미미의 배가 불룩해지지 않는데, 내가 운다고 펄펄 끓는 기름가마 속에서 닭들이 홰를 치지 않는데, 열세 번 열네 번 흑흑 운다고 부자가 되지 않는데, 질질 운다고 예뻐지지 않는데, 눈물은 허무해. 미미라면 울지 않았지. 미미는 뽐내듯 하품을 하는 순간에 가장 요염했지. 미미라면 이렇게 천천히 입을 오므리는 거야.

> 미미가 되고 싶어. 나는 또 샤샤와 쥬쥬와 라라가 되고 싶어. 나나도 좋고 레옹도 좋고 밍밍도 좋고 야아옹 만세! 고양이로서 실천할 수 있는 선행은 악행만큼 다양하고 모호하고 고요하고 날카롭고 격렬하고 야아옹.

라라는 샤샤를 질투했어. 라라는 방울을 달고 서커스단을 따라갔고, 샤샤는 푸른 연기로 변했다고 알려졌지. 불꽃 속에서 샤샤는 고양이들의 전설이 되었고, 나는 샤샤가 무서워. 샤샤를 질투하는 라라는 더 무서워. 샤샤를 화려하게 감쌌던 화염은 어느 날 내가 꼭 입고 싶은 외투였어. 샤샤는 열여덟 번 열아홉 번 모양을 바

꾸지.

> 네게 죽은 고양이 쥬쥬는 떠오르지 않는군. 쥬쥬는, 쥬쥬는, 네 입술을 간질일 뿐, 그런 고양이는 불멸의 이름이야. 그들은 희미하게 사라졌기 때문이지. 야아옹 만세! 그럼 안녕. 어느 날 나는 고양이로서 샤샤를 닮은 아가씨를 스쳐갔다네.

—김행숙, 〈소녀 고양이군을 만나다〉(《서정시학》, 2004 겨울)

이 시는 정체를 알 수 없는 인물들이 주고받는, 내용을 알기 어려운 이야기로 이뤄져 있다. 제목대로라면 '소녀'와 '고양이군'의 대화인데, 어조로 봐 들여 쓴 문단이 고양이군의 말에 해당된다. 일견 소녀는 사람인 것 같고, 고양이군은 고양이인 것 같이 보인다. 하지만 소녀가 고양이군에게 고양이처럼 생겼다고 말하고, 고양이군이 고양이가 되려고 집을 나왔다고 말하는 것을 보면, 고양이군도 사람인 것 같다.

그렇다면 소녀도 고양이도 다 사람인 걸까? 그렇다고 한다면 미미니 샤샤니 쥬쥬니 하는 것들도 다 사람으로 봐야 하는 걸까? 아니면 이들 모두가 고양이인 걸까? 화자의 입장으로도 상대의 규정으로도 읽을 수 있는 이 시의 마지막 문장은 이 같은 의문을 더욱 증폭시킨다.

둘 다 사람이건 고양이건, 하나는 사람이고 하나는 고양이건 둘이 주고받는 말은 뜻을 제대로 헤아리기 어렵다. 네 마리 고양이의 죽음과 고양이가 되고 싶은 바람이 대화의 맥락을 이룬다는 것은 파악되지만 세부 내용의 의미는 좀체 이해하기 어렵다. 주체의 정체가 밝혀지지 않고, 언표의 의미가 드러나지 않는 상태에서 이 시는 사람과 고양이, 인간적인 것과 동물적인 것의 경계를 해체하는 환상에 접근한다. 물론 이것은 시로, 재현적이거나 모방적인 허구가 아니므로 장르의 견지에서 논의할 수는 없지만 양식적 특성은 조명해 볼 필요가 있다.

환상문학 연구에서 가장 중요하고 영향력 있는 고전으로 손꼽히는 토도로프의 《환상문학 서설》에 따르면, 환상은 비유적 의미가 문자 그대로 취해지는 데서 발생하고, 해석의 차원에서 본문이 시적으로도 우의적으로도 독해되지 않아야 실현된다. 시적 독해란 비표상적 · 의미론적 · 상징적 해석을 가리킨다. 환상은 표상을 통해 시에 대립하고, 자의를 통해 우의에 대립한다.

이 시를 상징이나 우의로 볼 수 있을까? 상징은 무한히 개방된 의미의 지평을 구상적으로 한정하고, 우의는 추상적 개념을 구체적 형상으로 치환하는 까닭에, 그 대답은 부정적이다. 그러면 이 시의 표현 방식은 표상적인가? 그렇게 보인다. 여기에는 지시 작용과 지시 대상, 대상 표시와 표시 대상의 교착이나 혼란이 없고, 둘 중 어느 하나의 결락도 없다.

환상은 욕망의 표출이나 불안의 표현일 수도 있고, 전복의 기획이나 위반의 기도일 수도 있다. 또한 환상은 단순한 언어의 유희나 의미의 말소일 수도 있다. 환상은 심리적으로 보면 증상이고, 정치적으로 보면 이데올로기며, 수사적으로 보면 놀이다. 이 시는 이 같은 환상의 세 가지 지형 혹은 파장 중에 어디에 해당하는 것일까?

의미 없이 부가되는 수관형사나 반복해서 나열되면서 독특한 분위기를 만들어내는 고양이의 이름들로 미뤄볼 때 세 번째가 아닌가 한다. 요컨대 이 시의 표현 양식은 표상적 언어 유희로서 환상이라 할 수 있겠고, 이런 자질은 비단 이 시뿐만 아니라 같은 잡지에 실린 이수명의 근작이나 이원의 신작에서도 찾아볼 수 있다.

> 이상하다. 그 집은
> 불태웠는데 고스란히 남았다.
> 포크레인으로 밀었는데
> 천장과 벽이 스르르 주저앉았는데
> 멀쩡히 서 있다.
> 이상하다. 그 집은
> 팔아버렸는데
> 다른 사람의 이름이
> 뚝딱 문패에 걸리고
> 그가 그 집을 어딘가로 가져갔는데
> 가져가 처분했는데
> 도로 그 자리에 와 있다.
> 이상하다. 그 집은
> 어둠이 집어 삼켰는데
> 검은 창들이 깨지는 밤
> 파편들만 밟혔는데

다시 세워졌다.
이상하다. 그 집은
잃어 버렸는데
놓쳐 버렸는데
나는 여전히 가지고 있다.
이상하다. 그 집은
밖으로 나왔는데
나는 아직 그 속에 살고 있다.
—이수명, 〈이상한 집〉(《다층》, 2004 가을)

거울 속으로 한 무리의 사람들이 달려 들어간다
납작해진 그림자가 먼저 들어가 바닥으로 깔린다
거울 바닥이 물컹하다

거울 속에서 아주 느리게
한 사람씩 한 사람씩 빠져나오고 있다
피 묻힌 그림자는 보여주지 않는다
—이원, 〈거울〉(《서정시학》, 2004 겨울)

《환상성—전복의 문학》에서 환상의 형식적 정치학을 개진한 로즈메리 잭슨은 환상성의 표지를 주제의 차원에서는 기괴성, 금기 해체, 리비도적 충동, 에로스와 타나토스의 대립, 가족 윤리의 위반 등으로 집약하고, 심상의 차원에서는 성애, 거울, 분신, 신체 해체, 자아 분열 등으로 정리하는데, 만약 환상이 양식

요건의 구비나 주제 의식의 구현에 대한 부담에서 벗어나 심상 조성에만 집중한다면 어떻게 될까? 시의 경우 괴기에 근접하는 것으로 보인다. 《현대시》 2004년 12월호에 이런 유형으로 파악할 만한 작품이 몇 편 실려 있다.

사내는
떠나간 비둘기호 열차다

기적소리 떠도는 깊은 새벽
바람이 이불깃을 당긴다
서둘러 일어나 목욕을 하고
알몸에 알콜을 바른다
약속한 바람은
경막 깊이 몰핀을 주입한다
사내가 처음 슬립을 벗기듯
거친 숨을 몰아쉬며 바들바들 떤다
메스는 숨죽여 껍질을 벗긴다
경추골을 둘러싼 껍질이
브래지어 끈처럼 흘러내리고
살점들 정교하게 도려진다
잘 발라진 뼈
통증 크기의 순서로 토막토막 잘려진다
피범벅은
수돗물에 말끔히 씻겨진다

연골 틈에 낀 통증의 찌꺼기까지,
압력솥에 가지런히 넣어 푹 끓인다
부글부글 통증이 뭉그러지며 익는다
뽀얗게 달여지는 냄새에 취해
아편연 한 개피 불 붙이는 바람
걸쭉히 고아진 국물 한 사발
사라진 내가 게걸스레 들이킨다

잘 가라 개새끼야,
—유영금, 〈안락사 2〉(《현대시》, 2004.12)

이 시의 괴기스런 이미지는 의식의 극단적 표현으로 이해된다. 길게 이어지는 가운데 연을 가득 채우고 있는 기괴한 심상은 심리의 조형이지 외계의 표상일 수 없다. 첫 연에서 사내는 떠났고, 마지막 연에서 여자는 욕을 한다. 잘 가란 말은 이제 미련이 없다는 뜻일 것이다. 애초에 사내는 떠났지만 여자의 마음속엔 미련이 남아 있다.

비둘기호는 지금은 사라진 완행열차다. 사내는 이별 후에도 여자의 심중에서 아주 서서히 떠나간다. 안락사는 치료할 수 없는 환자의 극심한 고통을 더는 행위니, 가운데 연의 생체 해부와 처리 과정은 이별의 아픔과 사내에 대한 미련을 순식간에 덜어내는 심리 작용을 엽기적으로 묘사한 것이라 할 수 있다.

그런데 여기서 죽는 자는 누구고 죽이는 자는 누굴까? 대체 누가 누굴 죽여, 도려, 고아 먹는 것일까? 사내가 여자를 죽인다.

그렇다면 이것은 사내의 마음속에서 일어나는 일일까? 그럴 수는 없다. 사내의 심정이 어떤지 여자는 결코 알 수 없다. 사내가 여자를 죽이고, 여자가 자신을 먹는다. 이것은 모두 여자의 심중에서 일어나는 일이다. 마음속에서 사내로 하여금 자신을 도살토록 하니 미련이 없어지고, 그렇게 된 자신을 스스로 먹어버리니 아픔이 사라진다.

중간 부분의 심리 서술이 서두의 상황 제시와 말미의 반응 표출을 매개하는 방식이나 기괴한 심리 묘사의 중층적 문맥 구성에 기지가 잠재해 있다고 보면, 이 시는 무서움과 우스움의 교직 또는 공포와 유머의 교차라는 그로테스크의 원리에 입각해 있다고 간주할 수도 있을 것이다.

하지만 이 시에는 그로테스크의 일반적 가치로 평가받는 자유 의식이나 비판 정신이 누락돼 있으며, 또한 상식적으로 결부되기 어려운 것으로 여겨지는 공포와 유머를 결합함으로써 규범에서 일탈하고자 하는 역설의 의도도 결여돼 있다. 이는 같은 잡지에 실린 최치언과 박진서의 시에도 동일하게 해당되는 말이다.

아주 놀라운 일이었지
내가 장작더미 위에 누워 화장을 당하고 있었던 거야
가족들은 타오르는 불 밖에서 춤을 추고
나는 불 안에서 불안에 떨고 있었지 이내
내 몸에서 믿기지 못하는 일이 벌어지고 있었지

먹지에 돋보기를 대듯 살갗이 구슬구슬 타들어가기 시작했지
먼저 왼팔이 안으로 꺾어 들어가고 눈알이 팝콘처럼 부풀어 오르다
터져 버린 거야 눈물도 나지 않더군 두발을 꽁꽁 묶었던 밧줄이
맥없이 풀어졌지만 뛰쳐나갈 수 없었어 그때 동생이
부지깽이로 내 배를 푹 찔러보는 거야 장난처럼 비명도 없이
젓가락을 받아들이듯 내 배가 내장을 쏟고 말았지
구린 날들이 일제히 새털처럼 꼬스라 들고 말았지만
누군가 가족사진을 내던지고 저주를 퍼붓고 있었지
저건 죽어서도 구린내를 풍기는 군
그러나 내 귀는 이미 쪼그라들고 말들은 혓바닥에
붙어 버렸지 아 그때 나는 처음으로 말의 맛을 알고 말았지
텁텁하고 누른 피의 맛 그리고 나는 이렇게
뼛가루로 뿌려지고 있는 거야.
식구들은 강 저편에서 새벽이 오기 전에 쓰러져 잠들었지
어머니가 조용히 일어나 말간 숯불을 들춰 보는 거야
식구들 몰래 숯불에 감자를 구워먹는 저 여자는
다시는 처녀가 될 수 없는 어머니는
울고 있었던 것도 같은데
그러니 너도 배고프지 않니
주둥이 미어터지도록 어서 너도 한 입 베어 물렴
잘 익은 허기 한 근.
—최치언, 〈화장터〉(《현대시》, 2004.12)

그대가 내 몸을 가를 때, 헐떡이는 심장을 두 손에 모도 쥘 때

손 안에서 둥실 떠오를 때 왼 손목을 잘라낼 때 쏟아져 내리는 핏줄기로 샤워를 할 때 엄지손가락을 꺾어 온도를 맞출 때 긴긴 작은 창자를 끄집어낼 때 줄넘기를 할 때 흰 입김이 마른 눈동자를 적실 때 이미 갈라진 두 다리를 내려다볼 때 하늘색 손톱으로 오른 허벅지살을 뜯어낼 때 씹을 때 양 발목을 잘라낼 때 고인 핏물에 물장구칠 때 애기 마냥 순결하게 웃을 때

흩어진 살점들이 떠다닐 때 머리통만 흙바닥에 뒹굴 때 그때, 그대의 발등에 오직 내 입술만 머무를 때 그때, 엔간한 숨이 붙어 있을 때 온전히 그대일 때 혀가 녹을 때

—박진서, 〈hardgore romance〉(《현대시》, 2004.12)

따라서 이 작품들에서 시도된 기괴한 심상의 구축은 독특한 취향의 표현으로 보는 것이 좋겠는데, 이별의 고통을 메스로 인체의 껍질과 살과 뼈를 도려내 압력솥에 고아 마시는 행동으로 드러내고, 가족 간의 불화를 징그럽게 불타는 몸을 부지깽이로 찔러 내장을 쏟아지게 하는 장난으로 나타내고, 성애의 순간을 손목을 잘라 쏟아지는 핏줄기로 샤워를 하고 창자를 끄집어 내 줄넘기를 하는 행위로 표현하는 것이 단순히 개인적인 기호의 소산인지 아니면 시대의 일반적인 풍조인지는 잘 판단이 서질 않는다.

환상이나 괴기는 근대성의 관점에서 보면 정통이나 주류에서 빗나간 양식이다. 사실성과 서정성에서 모두 벗어나 있어 양자는 근대문학의 주변부나 방계에 속하는 것으로 취급됐다.

만일 여기서 살핀 것과 같은 양상이 일정한 경향성의 표출이라면, 그것을 문학적 탈근대의 징후로 여겨도 무방할 것이다.

그런데 문학의 세계 내부에서 비주류가 중심으로 향하는 움직임이 나타나는 것과는 대조적으로 현실에서는 시인의 위상을 사회의 주변으로 변경하려는 의식적 지향을 표명한 시들이 있어 흥미를 끈다. 《시안》 2004년 겨울호에 실린 김상미의 시와 《서정시학》에 실린 이선영의 시가 그렇다.

> 어느 날 나는 '공부' 앞에 붙은 '열심히'란 부사를 떼어내고
> 학교 외의 삶을 가진 아이들에게로 갔다.
>
> 그들은 '공부' 대신에 '세상의 얼룩'을 갖고 놀았다.
> 그들의 가방 속에는 책 대신 어른들에게서 밀수입해온
> '생각'들이 가득 들어 있었다.
>
> 그들의 목적은 학점 대신 세상의 변화에 매달리는 것이었다.
>
> 나는 내 눈에 비친 그들의 이미지가 너무 좋아
> 날마다 거울 앞에 서서 그들을 흉내내었다.
>
> 거울에 비친 나는 마치 미친 오토바이를 몰고
> 금방 어디론가로 떠나갈 사람처럼 보였다.
>
> 그러나 나는 어디로도 가지 않았으며
> 아무 데도 갈 곳이 없었다.

습관처럼 남몰래 도서관 계단을 오르내리면서도
그들의 '얼룩'이 내 몸에도 묻어나길 기다렸다.

손수 罪 짓지 않고도 스스로 받는 罰!
그 지독한 유희에서 깨어나기가 싫었다.

나는 市民K가 아니라
詩人K

악착같이 '세상의 얼룩'을 빨아먹고 뱉어내고 또 빨아먹는
詩人K

눈물나게 외로운 전광석화였다.
―김상미, 〈전광석화〉(《시안》, 2004 겨울)

시민과 시인의 대립은 오래된 것이다. 낭만주의 이래로 시인은 시민에 반대해 왔다. 근대 시인이란 시민사회로부터의 소외에 괴로워하면서도 그러한 소외를 자발적으로 수행하는 모순적 존재다. 자신이 속해 있는 바로 그 사회를 증오하고, 자신의 삶의 기반이 되는 계층을 경멸함으로써만 시인은 비로소 시인이 된다. 근대사회에서 시인은 '반시민'이라는 시민의 부정태로 스스로의 위상을 규정한다. 하지만 시인이 반시민이라고 해서 반시민이 모두 시인인 것은 아니다. 반시민은 시인에 대해 필요조건이지 충분조건은 아닌 것이다.

더구나 어른들에게서 밀수입해 온 세상의 얼룩을 갖고 놀며 세상의 변화에 매달리는 이들이 반시민일 수 있을까? 그들은 기껏해야 시민의 아류에 지나지 않는 것이 아닐까? 어쩌면 그들은 시인이 멸시해 마지않는 속물에 속할지도 모른다. 이 시와 유사한 맥락에서 모범적이거나 평범한 삶을 시인의 입장에서 부정하고 있는 이선영의 시에서도 사정은 마찬가지다.

승부를 건 싸움 끝에 터져 나오는 피도
말 못하고 놓쳐버린 사랑도
순식간에 등을 돌린 친구도
독서실 옥상 위에서 혼자 흘린 눈물도
대학을 가지 못한 혹은 꼭 가야만 하는 엄연한 현실도
그래, 모든 게 다 버겁고 우울하고 잔인했던 시절이었다
현수와 우식, 은주, '함박' 그네들에게는

돌이켜 보니 그네들에게보다 더 잔혹한 것은 나에게는
말죽거리가 없었다는 것이다
아프고 혼란스럽고 두려운, 저지르거나 미쳐버리는 식의, 그러나 삶에 굵다란 나이테를 남기는 추억이 나에겐 없다는 것이다
나의 생은 말죽거리에서 이름 없는 단역에 지나지 않았다, 지금까지도 그렇듯이

영화적 삶이란 때로 아웃사이더들의 특권일 뿐
1970년대 나는 모범생이어야 한다는 강박관념을 가진,

평범하고 싶지 않았으나 평범한 소녀였다
그러므로 내게 당치도 않는 詩란,
말죽거리를 살아 나오기 위한 마지막 비상구였을까
어느덧 세월이 흘러 2000년대의 중년에 들어선 오늘
소녀 적 내가 다만 지나간 시간의 유해로 묻혀 있는
말죽거리를 지나다

—이선영, 〈말죽거리 잔혹사—영화는 아웃사이더들의 잔혹사인 가〉(《서정시학》, 2004년 겨울호)

시인은 아웃사이더들의 특권인 영화적인 삶의 추억이 없음을 몹시 아쉬워한다. 이런 심정은 충분히 수긍할 만한 것이다. 시인은 시민으로도 아웃사이더로도 살 수 있기 때문이다. 그것은 어떤 식으로든지 한정하거나 지정할 수 있는 일이 못 된다. 그러나 시인이 시로 다루는 세계라면 문제가 달라진다. 나는 시인이 시로써 그려 내야 할 것은 응당 시민의 삶이어야 한다고 생각한다.

참고문헌

이론　환상시론의 이론적 전제와 배경

김인환.《상상력과 원근법》. 문학과지성사, 1993.

______.《한국문학이론의 연구》. 을유문화사, 1986.

박정수.《현대 소설과 환상》. 새미, 2002.

서강여성문학연구회 편.《한국문학과 환상성》. 예림기획, 2001.

조동일.《문학연구방법》. 지식산업사, 1980.

______.《한국소설의 이론》. 지식산업사, 1977.

최기숙.《환상》. 문학의 기본개념 3. 연세대학교출판부, 2003.

황병하.〈환상문학과 한국 문학〉.《메타비평을 위하여》. 민음사, 1997.

네이글, 어니스트.《과학의 구조—과학적 설명 논리의 문제들》. 1권. 전영삼 옮김. 아카넷, 2001.

시걸, 줄리아.《환상》. 장수정 옮김. 이제이북스, 2003.

잭슨, 로즈메리.《환상성—전복의문학》. 서강여성문학연구회 옮김. 문학동네, 2001.

제임슨, 프레드릭.《변증법적 문학이론의 전개》. 여홍상 · 김영희 옮김. 창작과비평사, 1984.

토도로프, 츠베탕.《덧없는 행복—루소론 · 환상문학 서설》. 토도로프 저작집 5. 이기우 옮김. 한국문화사, 1996.
플라톤,《국가 · 소크라테스의 변명》. 조우현 옮김. 삼성출판사, 1990.
흄, 캐스린.《환상과 미메시스》. 한창엽 옮김. 푸른나무, 2000.

Arendt, Hannah. *The Human Condition*. 2nd ed. Chicago: The University of Chicago Press, 1998.
Auerbach, Erich. *Mimesis: The Representation of Reality in Western Literature*. Trans. Willard R. Trask. Princeton University Press, 1953.
Eagleton, Terry. *Literary Theory: An Introduction*. Oxford: Basil Blackwell, 1983.
Horkheimer, M. & T. W. Adorno. *Dialectic of Enlightenment*. Trans. John Cumming. New York: The Continuum Publishing Company, 1972.
Marcuse, Herbert. "The Affirmative Character of Culture." In *Negations: Essays in Critical Theory*. Trans. Jeremy J. Shapiro. Boston: Beacon Press, 1968.

시론　한국 현대시에 나타난 환상의 양상

김인환.《다른 미래를 위하여》. 문학과지성사, 2003.
______.《상상력과 원근법》. 문학과지성사, 1993.
______.《한국문학이론의 연구》. 을유문화사, 1986.
김흥규.《문학과 역사적 인간》. 창작과비평사, 1980.
노혜경.〈세기말 시의 환상성. 환각과 환멸 사이로 난 좁은 길〉.《오늘의 문예비평》(1997 가을).
윤지영.〈'환상적인 시'와 '환상시'의 가능성〉. 서강여성문학연구회 편.《한국문학과 환상성》. 예림기획, 2001.

정끝별. 〈세계를 지연시키는 자기 증식의 언어〉. 《천 개의 혀를 가진 시의 언어》. 하늘연못, 1999.

최윤정. 〈몸의 언어로 재현되는 환상—90년대 여성시인을 중심으로〉. 서강여성문학연구회 편. 《한국문학과 환상성》. 예림기획, 2001.

황현산. 〈이장희의 푸른 하늘의 유방〉. 《현대시학》(2000.3).

시걸, 줄리아. 《환상》. 장수정 옮김. 이제이북스, 2003.

잭슨, 로즈메리. 《환상성—전복의문학》. 서강여성문학연구회 옮김. 문학동네, 2001.

토도로프, 츠베탕. 《덧없는 행복—루소론 · 환상문학 서설》. 토도로프 저작집 5. 이기우 옮김. 한국문화사, 1996.

흄, 캐스린. 《환상과 미메시스》. 한창엽 옮김. 푸른나무, 2000.

Arendt, Hannah. *The Human Condition*. 2nd ed. Chicago: The University of Chicago Press, 1998.

연구 낭만성과 환상성의 교차—이장희론

김재홍 편. 《이장희—시전집 · 평전 · 논집 · 연구자료》. 문학세계사, 1993.

제해만 편. 《이장희 전집—봄과 고양이》. 문장사, 1982.

김용직. 〈시전문집단, 금성파의 등장〉. 《한국근대시사》. 상권. 학연사, 1994.

김윤식. 〈네 가지 죽음의 형태—나빈 · 고월 · 소월 · 이상〉. 《근대시와 인식》. 시와시학사, 1991.

김인환. 〈비유의 힘—이장희〉. 《다른 미래를 위하여》. 문학과지성사, 2003.

김흥규. 〈1920년대 초기시의 역사적 성격〉. 《문학과 역사적 인간》. 창작과비평사, 1980.

백기만. 〈상화와 고월의 회상—고월 이장희 편〉. 백기만 편. 《상화와 고월》. 청구출판사, 1951.

양주동. 〈기재 이장희군의 추억〉. 《현대문학》, 97호(1963.1).

오상순. 〈고월과 고양이〉. 백기만 편. 《상화와 고월》. 청구출판사, 1951.

오탁번. 〈고월시의 양면〉. 《어문논집》. 14-15합집. 1973.7.

이종진. 〈새 자료로 본 두 시인의 생애—이장희 편〉. 《문학사상》, 10권(1973.7).

홍정선. 〈고월 시에 있어서 화자와 정서〉. 김학동 외. 《한국현대시사연구》. 일지사, 1983.

황현산. 〈이장희의 푸른 하늘의 유방〉. 《현대시학》(2000. 3).

비어슬리, 먼로 C. 《미학사》. 이성훈 · 안원현 옮김. 이론과실천, 1987.

토도로프, 츠베탕. 《덧없는 행복—루소론 · 환상문학 서설》. 토도로프 저작집 5. 이기우 옮김. 한국문화사, 1996.

하우저, 아르놀트. 《문학과 예술의 사회사 3—로꼬꼬 · 고전주의 · 낭만주의》. 개정판. 염무웅 · 반성완 옮김. 창작과비평사, 1999.

이창민

1967년 생
고려대학교 국어국문학과 및 동 대학원 졸업
1993년 서울신문 신춘문예 문학평론 부문 당선
현재 고려대학교 세종캠퍼스 국어국문학과 교수

저서
《양식과 심상》,《전통과 맥락》,《전언의 향방》 등

고려대학교 교양총서 6

현대시와 판타지

초판발행 2008년 3월 15일
초판 2쇄 2009년 5월 30일
지은이 이창민
펴낸곳 고려대학교출판부
www.kupress.com
kupress@korea.ac.kr
136-701 서울특별시 성북구 안암동
02-3290-4230, 4232
Fax 923-6311
찍은곳 (주)이환디앤비

ISBN 978-89-7641-651-3 04810
ISBN 978-89-7641-615-5 (세트)

값 8,000원

* 잘못 만들어진 책은 바꿔드립니다.